教師のためのの実務文例集

文書の書き方からマナーまで

Sato Masatoshi
佐藤正寿

明治図書

はじめに

「はんこだけではなく，一言書くだけで保護者は担任を信頼するようになるものだよ」。初任時代に同じ学年の先輩から言われた言葉です。連絡帳に書かれた家庭からの簡単な連絡には，はんこを押すだけで返却することが多かったのです。また，「先月の工場見学の御礼文書がまだのようだけど……」と管理職から指摘されたこともありました。子どもたちに工場見学の御礼の手紙を書かせたものの，私自身が書く御礼状の書き方の例を探しているうちに，発送が遅れていたのです。

共にもう30年以上前のことですが，私にとっては少し苦い思い出です。考えてみたら，「連絡帳の返信の仕方」「御礼状の書き方」は改めて時間を割いて指導されたことはありませんでした。自分で学んでいくしかありません。諸先輩に聞きながらその方法を覚えたり，書籍や雑誌等からサンプルを見て学んだりしてきました。経験を重ねるうちに，書き方のポイントもわかってきました。

本書は，これまでの自分の経験が，「どうやって書いたらいいんだろう」と迷う先生方の役に立てばいいと思い執筆しました。
第１章では，教師にとって書く仕事がいかに重要であるか，また，実際に文章を書く際のポイントを記しました。
第２章から第５章は実践編です。「保護者向けの連絡帳・手紙の書き方」，「学級通信や連絡文の書き方」，「実務文書の書き方」，「社会人としての文章マナー」について，それぞれ具体例をあげながら示しました。
また，自分の文章に関わる経験をコラムとして各章の最後に記しました。
どこから読んでもすぐに役立つ構成になっています。

この本が学校での実務や学級経営に役立つのなら，著者として望外の喜びです。自宅の本棚よりは，教室や職員室に置いて，活用してくだされば幸いです。

本書の発刊に際しては，明治図書教育書編集部の林知里さんに大変お世話になりました。執筆の取り組みが遅れたにもかかわらず，何度も温かい励ましをいただき，刊行することができました。心より感謝申し上げます。

2018年２月

佐藤　正寿

教師の「書く」仕事は,
板書だけではありません。

●連絡帳　●ノートへのコメント
●学級通信　●提案文書
●暑中見舞い　…etc.

作法をわかったうえで,
書いていますか？

「書く」仕事の精度は，
教師の信頼度や学級経営にも
直結します。

学校現場特有の文書から
一社会人としてのマナーまで，
できる教師は書くことの作法を
必ず身につけています。

CONTENTS

第3章 よくある連絡文・通信にはこう書く

第4章 実務文書は正確・簡潔に

第5章 一社会人としての文章マナー

第１章

わかりやすい文章を書く10のポイント

第２章　連絡帳・手紙で保護者との関係をつくる
第３章　よくある連絡文・通信にはこう書く
第４章　実務文書は正確・簡潔に
第５章　一社会人としての文章マナー

1 教師に欠かせない「書く仕事」～その重要さ～

一日の中で教師が書いたり，文書を作成したりする時間は多いものです。

出勤して，教室に入ると子どもたちが連絡帳を次々と出します。返信が必要なものに，すぐに書き始める教師もいることでしょう。

授業になれば，学習内容を板書しますし，子どもたちの様子を教師のノートに記録します。ノートに丸をつけるだけではなく，「すばらしい！」とコメントを書く場合もあります。

子どもたちが帰ったあとは，学級通信や提案文書，報告書といった何らかの文書を毎日のように作成します。

これだけではありません。時期によっては，帰宅後に転勤挨拶状が届いている場合があります。夏休みには担任している子から，暑中見舞いが送られてくることもあります。当然，返信が必要となります。

このように考えたら，教師には「書く仕事」が欠かせないことがわかります。

そして，その**書く仕事は，教師としての信頼度や学級経営にも影響を及ぼします。**

たとえば，保護者は学期に数回担任と会いますが，それ以外は連絡帳，学級通信，我が子の話が担任との接点になります。

連絡帳に保護者が我が子に事務的な連絡を書いたときに，とりあえずの一言でも返信があるとないのでは，受ける印象が違ってきます。その一言に，子どもへの愛情がある表現が書かれていると，「担任は温かみのある先生だ」と感じることでしょう。

また，保護者は時として，連絡帳に子ども同士のトラブルを訴えます。その返信のしかたによっては，そのトラブルが収束するどころか，大きな問題になってしまう場合もあります。そのようなときに「何をどのように書くか」というのは重要なのです。

これは校内でも同様です。出張復命書を管理職に提出するときに，正しい書き方，わかりやすい文章で仕上げていたら，読み手も「この先生は一つ一つ丁寧に仕上げる仕事ぶりである」と評価することでしょう。

逆に，学級通信の下書きをチェックする際に誤字脱字があったり，わかりにくい文章で書いていて修正箇所が多かったりしたら，「日頃の連絡帳の記述や板書は大丈夫なのだろうか」と思われるかもしれません。

これほど教師にとっては，「書く仕事」は大切なのです。

2 どのように文章を書くか ～10のポイント～

教師が文章を書く場合，目的や内容によってさまざまな形式があります。たとえば，学級通信，報告文，計画書，依頼文，手紙，メールというようにさまざまです。

そして，それぞれに書くためのポイントがあります。ここでは，それぞれに共通する基本を紹介します。

（1）わかりやすく書く

これが基本です。

教師が仕事で書く文章の多くは，わかりやすさが重視されます。高尚な文章，うまい文章が必要とされるのは限られた場合です。

では，わかりやすい文章のポイントとして，どのようなものがあるでしょうか。たとえば，次のようなものがあげられます。

① 一文が短い
② 適切に改行がされている
③ 主語と述語が離れすぎない

①一文が長ければ長いほど，意味が伝わりにくくなります。短い文はストレートに伝わります。さらに短い文が続くと，文章にリズムができます。

②適切な改行があることで，「この段落には○○のことが書かれているんだ」というように，内容のまとまりが理解しやすくなります。

③「子どもたちは，４年生以上が参加する児童総会で，各委員会の提案に一生懸命に質問していました」……これは、主語と述語が離れた文章例です。「子どもたちは質問していました」と，主語と述語を近づけたり，二つの文に分けたりすることで，よりわかりやすくなります。

このようなポイントは，まだまだあります。教師がそのポイントを意識するだけで，文章は変わってきます。

「わかりやすさ」は何も文章だけとは限りません。

文章のみで表現するより，表や番号を使った方がわかりやすいという場合もあります。

家庭訪問の予定を一覧表にして示すのはその例です。

「下記のとおり行います」として，「１．日時」「２．場所」……というように記すことも，文章のみで示すより，わかりやすいからです。

伝える目的に応じて，「わかりやすさ」の方法も変わってくるのです。

（2）「読み手が注目する工夫」をする

教師が一生懸命に書いた文章でも，読んでもらえないのなら意味がありません。皆さんは，読んでもらえる通信や文書にするために，どのような工夫をしているでしょうか。

このように問われたときに，パッと「このような工夫をしている」というのであれば，心配ありません。

たとえば，学級通信に我が子の名前や文章が出てきた場合，どの保護者も注目します。そこから「子どもたちの名前や作文を積極的に出していく」という工夫が思い浮かびます。
重要な緊急文書であれば，題の横に「(緊急・重要)」と書き足すだけで，読み手も，「これは大切な文章だ。ちゃんと読まないと」という意識になります。
「遠足の予定」をお知らせする場合でも，行き先だけを書くだけではなく，実際に下見に行った際の情報を組み入れるだけで，読み手の興味は変わってきます。

大事なのは「読み手が注目する工夫」が入っているかどうかです。
一つ入っているだけで，注目度は変わってきます。

（3）「正確さ」と「御礼」を大切にする

文章に誤字・脱字があると，「これはどういうこと？　ああ，間違いか」というように，別の点に注意がいってしまいます。それだけではありません。「学校の先生なのに間違えたのか」というように信頼度も下がるかもしれません。
もちろん，「常に完璧」というのは難しいのですが，**「正確さ」を求める姿勢は文章を書く場合に不可欠です。**
そのために，「不安な言葉があったら辞書を引く」という習慣を身に付けましょう。今は，インターネットでも気軽に調べることができます。

また，**「御礼」の気持ちを書く**という姿勢も大切にしたいものです。

・ご連絡，ありがとうございます
・日頃のご支援ならびにご協力に感謝申し上げます
・重ねて御礼申し上げます

よく使われる言葉ですが，これらの表現があるとないのでは，文章全体の雰囲気が違ってきます。柔らかく，温かくなります。

一通り文章を書き終えて，読み返すときには「正確か」「御礼が書かれているか」という部分を，まずはチェックしましょう。

（4）読み手に必要な情報を想像する

文章には読み手がいます。保護者，上司，訪問機関先，教育委員会等，さまざまです。その読み手の立場になって，文章を書いているでしょうか。

たとえば，授業でのゲストティーチャーの依頼文を作成することがあります。「目的」「日時」「場所」「依頼内容」「担当者名・学校住所・電話番号」を記しました。これで十分そうに見えます。

ここで，**相手の立場になって考えてみましょう**。もし，来校が初めての方だったら，次のようなことが想像できます。

・学校の場所はわかっていても，どこに駐車したらよいか本校はわかりにくいのではないか
・玄関に入ってから，どうすればよいか戸惑うのではないか

このように考えたら，駐車場の場所を示す地図とその案内，さらに玄関から入ったあとに「受付にお声掛けください」という一文が必要なことに気付きます。

また，**「読み手がどう思うか」**ということも吟味したいものです。

たとえば，「公園での遊びはルールを守って」という題の通信が出てきました。保護者は，「何か守れないことがあったのかな？」と思いながら読むことでしょう。しかし，その内容が「公園の遊びのルールの確認だけ」だっ

たら，「どうしてこのような内容をお伝えするのだろう」と不思議に思います。

・先日，公園でゴミを散らかす事例があり，地域の方から指摘された
・子どもたちに聞いてみると，何人もの子がルールを守っていない実態がわかった
・今までも指導を重ねてきたが，改めて今回指導をした
・ご家庭でもご協力をお願いしたい

このような経緯が書かれていれば，保護者もなぜこのような記事が書かれているのか，納得がいきます。協力も得られやすくなることでしょう。

（5）返信の型を決めておく

教師が作成する文書のうち，公的なものはあらかじめ計画的に作成することができます。

ところが，連絡帳の返事やメールの返信等は，依頼が来た時点で返信を要求されます。時間が限られている短縮授業の日に，大急ぎで連絡帳に返信しなければいけないということもあります。

そのようなときには，あらかじめ「返信の型」を決めておけば，どのように書いたらよいか迷うことはありません。

たとえば保護者からの問い合わせに対しては，**「①連絡への御礼＋②問い合わせの回答＋③子どもの様子で一言」**というように決めておけば，スムーズに書くことができます。

「ご連絡ありがとうございます。○○については，学校のきまりで……となっております。よろしくお願いします」というように，①と②までの問い合わせの回答までで目的は果たしています。

さらに③のように，「このごろの麻里さん，なわとびに夢中です。今日の休み時間も二重跳びに挑戦していました」と一言書き加えると，事務的な連絡の返信という感じはしません。

「返信の型」があっても，一工夫があれば受ける印象も違ってくるのです。

(6)「役立つ表現」を使う

「相手に理解を求める」「伝えにくいことを書く」といったときには，どのような表現にしたらよいか悩むものです。「もっと別の書き方があるのではないか」と書いたあとも，迷うものです。

そのようなときに「役立つ表現」を覚えておけば，筆も進みます。次のようなものです。

・ご理解とご協力のほど，よろしくお願い申し上げます
・念のためご家庭でも様子を見ていただければ幸いです
・ご多忙のところ恐縮ではございますが，よろしくお願い申し上げます
・はなはだ勝手なお願いではございますが
・ご要望にお応えすることができず，大変申し訳なく恐縮しております

学校では，他の人が書いた文書を見る機会も多いです。校長名での児童の配付物文書は，管理職や担当が考えて発行しているものです。

その中に「役立つ表現」があったら，すぐに控えておきましょう。そして，実際に使ってみることで，自分のものになっていきます。

(7) 慎重さが求められるときを意識する

文章表現に慎重さを求められるときがあります。たとえば，保護者が子ども同士のトラブルで我が子が困っていることを手紙に書いてきた場合です。

教師の指導のあり方に疑問をもって連絡帳に書いてくる場合もあります。

いざ返信するといっても，簡単には書くことができません。返信の内容や表現によっては，読み手が不満をもつ可能性があるからです。だからこそ，慎重な対応が求められるのです。そのことを自覚しましょう。

このようなときには，返信の前に相手の連絡を**今一度丁寧に読み直しましょう**。どのようなことに不満なのか，または困っているのかを考えます。相手も，電話ではなく，わざわざ文章化したのですから，そこに自分の思いが書かれているはずです。

その思いをまずは受け止めましょう。「お気持ちをお伝えいただき，ありがとうございます」「ずいぶん悩まれたことと思います」といった表現から書き始めると，相手の立場を理解しようとしていることが伝わります。

次に指摘や相談事に正対した内容をわかりやすいように記します。ここで大事なのは，**自分の行いに配慮不足の点があった場合には，率直に「申し訳ありませんでした」とお詫びすること**です。言い訳は無用です。

場合によっては，「くわしい説明は電話で直接お話をしたいと思います」と記すのも一つの判断です。

最後には，「今後は……」というように，**見通しをもって終えるようにします**。

このような返信を書くためには，何を書いたらいいのか，あらかじめメモをするといいです。また，書いたら上司や同僚に読んでもらいましょう。ただし，連絡帳に直接書いた場合には書き直しができません。下書きを読んでもらい，連絡帳に清書するのがベストです。

（8）「形式美」を大事にする

各種の案内文や報告文には決まった形式があります。

形式が決まっていると，書き手にとっては書く項目が決まっていて，何を書けばよいかわかりやすいというメリットがあります。それは読み手にとっても同様で，書かれている内容が整理され，読みやすいというメリットがあります。

それだけではありません。**決まった形式の文書には，「形式美」がある**と考えます。

たとえば行事の案内文を見てみましょう。番号の位置が揃っています。番号の次の書き始めの位置も揃っています。また，文字が詰まっておらず適度な余白があります。

全体として，1枚の用紙の中に文字がバランスよく配置され，美しさを感じます。

私がこのことを意識したのは，「余白がなくて読みにくいことはある。しかし，余白があって読みにくいことはない。むしろ，余白が一つ一つの文を印象づけることになる」というお話を研究会で聞いてからです。

確かに，文字がびっしりと書かれていて余白部分が少なかったり，番号が揃っていなかったりすると，美しさは半減します。学級通信も情報を多く伝えたいからといって，文字だらけだと逆に読みにくいものになってしまうのです。

（9）タイミングを逃さない

出張の復命書や研究会の報告書について，目の前の仕事が優先になって作成の取り組みが遅くなってしまっては，学んだことが色あせてしまいます。

事後に各種の文書を作ることがわかっている場合には，会議や研究会で「このことを記そう」と予め意識しておけば，スムーズに取りかかることができます。

担任している子どもが暑中見舞いや年賀状を一生懸命に書いているときなどは，先生からの返信を心待ちにしているものです。その返信が遅くなれば，子どもは「今日も返事がこなかった」と残念がることでしょう。

学校宛に子どもの葉書が届くようにしている場合には，不在の期間が長い長期休業では特に注意が必要です。

授業で使う準備物の連絡では，時として保護者に不満が生じる場合があります。

「『明日までにコンパスを』と子どもから言われたが，すぐに準備はできない。しかもどんなコンパスを買ったらいいか，不明だ」ということは，時折聞く話です。余裕をもって連絡することの大切さを物語っています。

これらに共通するのは**タイミングの重要さ**です。発行，連絡，返信，提出をいつ行うか。「すぐに行う」「余裕をもって行う」「締切は厳守する」ことを教師の仕事術の一つとして身に付けたいものです。

(10)「マイ・ルール」を決める

通信や連絡帳を書く場合に，「このように書こう」という自分なりの約束事を決めておくと，取り組みやすいものです。「マイ・ルール」のようなものです。「このようなことは書かない」といったことでも構いません。

たとえば，「連絡帳には子どものよいところは記すが，改善点をお願いする場合には連絡帳には記さない」といったものです。

通信の場合も同様です。「子どもの名前を載せるときには公平になるようにする」「自分が学んだ書籍から積極的に引用していく」といったことを決めるだけではなく，保護者にも次のようにその意図を伝えましょう。

> ３年１組は，一人一人が主人公です。学級目標も「キラキラかがやこう！　サンサン31」です。子どもたちの活躍ぶりを，この学級通信でどんどん伝えたいと思います。
>
> 具体的に名前を出して，その様子は伝えます。「同じ子ばかりが活躍するのではない」のはこの学級通信でも同じです。全員が登場する学級通信を目指します。

このように宣言すると，教師の意図が伝わるだけではなく，保護者の期待も高まります。

もちろん，それを実行するためには，「掲載回数をチェックする」「掲載するスペース（特に作文の量）にも配慮する」といったことが大切になってきます。

3 書くことを重ねることで力をつける

「書く仕事は教師には欠かせない」と冒頭に記しました。

教師であれば，誰しも毎日何かしらの文章を書いていると思われます。そして，誰しも「上達したい」と思っているはずです。

そのためには，意図的に自己研鑽をすることが一番です。

職場では，同僚の作成した文書や通信から学ぶことができるはずです。尊敬できる先輩がいたら，「どのようにして文章修業をしたのですか？」と，その学びのプロセスを聞くこともできます。

教育関係の書籍や雑誌にも「参考にしたい」というものがあったら，その著者の表現をどんどん真似てみましょう。チャンスがあったら，セミナーで直接学ぶこともできるはずです。

一般書や関連ホームページにも参考になる記述があれば，自分の文章に生かすことができます。

今の時代，学ぼうと思えばどのような形でも学ぶことができます。ただし，話を聞いたり，文章を読んだりするだけでは，力はつきません。

それらを参考にしながら，実際に書く。そして，意図的に振り返って反省を生かしてまた書く。その積み重ねが力をつけることにつながるのです。

COLUMN

いくつになっても文章修業

教師になって多くの文書を書いてきた。校務ではもちろんだが，30代になってからは，実践研究論文や教育雑誌の原稿も加わってきた。学習指導案や学級通信と異なり，様々な場で公となる文章を書くことは自分を鍛えるよき場となった。実践研究論文や書籍・雑誌の原稿を書く回数が増えてくると，自信につながる。それが一定期間続くとなおさらであった。

しかし，自信は時として慢心につながる。自分の文章修業も一定のスタイルができると「今回もこれでいいだろう」と思うようになってきた。

そのようなときに，自分の文章の不十分さを指摘してくださる方の存在は有難い。40代に差しかかったときに，生活指導で著名な家本芳郎先生に原稿を添削していただく機会を得た。自分の原稿のわかりにくい部分を率直に指摘していただき，「確かにこちらの方がわかりやすい」と感じたものだった。

あるとき，「今後のために」という題名でメールをいただいた。原稿の中で「狙い目です」という言葉を使ったことに対して，「『狙い目』は，博打用語で『博打で出ることを願っているさいの目』という意。使うべきではない」と指導してくださった。無知ということは恐ろしいものである。用語の本来の意味を確かめること，使う言葉に気を遣うことの大切さを感じた。

50代になって通信制大学院で学んだ。修士論文を執筆する過程で，実践研究論文と違う論文作法でいくつもの指導を受けた。「『～と思われる』とは主観に過ぎない。根拠をもって言いきるように」「全角数字と半角数字が入り混じっている。統一を」といったように，今までこだわってこなかった指摘に，学ぶばかりだった。

このような自分の文章修業を振り返ったら，「いつの年代でも学ぶことばかりだった」ということに尽きる。これは，今後も変わらないであろう。

いくつになっても文章修業が必要である。

第１章　わかりやすい文章を書く10のポイント

第２章
連絡帳・手紙で保護者との関係をつくる

第３章　よくある連絡文・通信にはこう書く
第４章　実務文書は正確・簡潔に
第５章　一社会人としての文章マナー

1 はんこだけで終わらないひとまずの返事を

担任は忙しい。「連絡帳に書かなくては……」と思いながらも時間がとれず，子どもたちの帰りの時間となってしまうこともある。そのようなときには「ひとまずの返事」を決めておけばよい。

「はんこだけの返事」は失礼

保護者が書いた連絡帳や手紙。すぐに返事ができればいいのですが，場合によっては子どもたちに事情を聞いたり，同僚に確認したりしなければいけないことも出てきます。また，判断に迷う場合もあります。そのまま書かないでいたら，いつの間にか帰りの時間ということもあるでしょう。

このようなときに認印や「見ました」の印だけでは，保護者に失礼です。保護者からすれば，「時間を割いて書いたのにはんこだけとは……」と不信感をもつことになります。

「ひとまずの返事」を

いくら時間が限られていても，「ひとまずの返事」を書く時間は確保しましょう。その日のうちに連絡帳に返信をすることが大切です。基本形を決めておけば１～２分で書くことができます。

・連絡してくださったことへの感謝の気持ち
・問い合わせに対しての受け止め
・ひとまずの今後の方向性

この３つの内容があれば，まずは大丈夫です。

●基本的な返信（定番を決めておく）

ご連絡ありがとうございます。ご用件、承知しました。調べてから明日改めてご連絡をいたします。
よろしくお願いいたします。

●短い返信

ご用件、承りました。ありがとうございます。

●直接会いたい旨の連絡

ご連絡ありがとうございます。大事なお話ですので、直接お会いしてお話し合いをしたいと存じます。日時について改めてご連絡いたします。

●保護者の気持ちを推測したもの（一言入るだけで印象が違う）

ご連絡、拝見させていただきました。ありがとうございます。〇〇さんのこと、ご心配だったことと思います。学校の様子を今夜電話でお知らせします。

●行事の感想や子どものがんばりへの返信

嬉しいご連絡、ありがとうございます。〇〇さんのがんばりぶり、伝わってきました。このごろは学校でもなわとびに夢中になっており、今日も元気に遊んでいました。

2 体調面での連絡があったら

> 子どもの体調が悪いときには，保護者も心配をしながら，連絡帳を書いているものである。
> そのようなときほど温かい返信をしたいものである。

まずは連絡帳をしっかりと確認

「昨日から風邪気味です。念のため体育は休ませてください」といった体調不良の連絡が時々あります。子どもが自ら伝えてくれれば間違いはないのですが，特に話をしない子もいます。

連絡帳を見逃して，体育をしてしまってもあとの祭り。保護者からすれば，「連絡帳に書いたのに……」と信頼を失うことになります。

特別な事情があっても，まずは朝のうちに連絡帳を一通り確認しましょう。

「温かい返信」を

保護者は体調不良の我が子を心配しながら送り出しています。

家に帰ったら，「どうだった？」と我が子に聞くでしょう。また，「どんな様子か書いているかもしれない」と思い，連絡帳も見ることでしょう。

そのときに担任から「温かい返信」があったら，「先生は子どもたちの体調に気を配っているんだ」ということが伝わってきます。

欠席の連絡にも一言を

欠席者への連絡も温かい一言を添えると違うものです。

「欠席者には電話連絡をするのでそのときに一言を」という考えもありますが，連絡がつかない場合もあります。そのことを考えたら，簡単でも一言を書いておく方がベターです。もちろん，電話連絡もすればベストです。

●短い返信

ご連絡ありがとうございます。どうぞお大事になさってください。

ご連絡、拝見しました。体育は大事をとって見学をしました。早く治るといいですね。

●学級での様子を加えたもの

ご連絡ありがとうございます。昨日から体調を崩されたとのこと。学級でも発熱で休んでいる子がいますので、くれぐれもお大事になさってください。

今日は休み時間も念のため教室で過ごしました。給食は全部食べることができました。

●本人からの申し出や様子を「よさ」として記したもの

ご連絡、拝見させていただきました。ありがとうございます。○○さんからも、「今日は風邪気味なのでプールに入れません」と直接申し出がありました。はっきりと言うことができましたし、水泳の見学中も、友達の泳ぎをしっかりと見ていました。

●欠席が連絡帳で届いた場合

ご連絡、ありがとうございます。高熱ということで、親御さんとしても心配なことと思います。学級の友達も、「○○さん、大丈夫かな」と気がかりな様子でした。一日も早く元気に登校することを楽しみにしています。

3　忌引の連絡があったら

　家族や親戚が他界したときに，連絡帳や手紙等で「欠席します」という連絡が入る場合がある。
　一社会人としてこのようなときには失礼がないように接していきたい。

まずはお悔やみの言葉を

忌引の連絡は年間通しても多くはありません。
教師も対応が不慣れな面があります。
まずは，お悔やみの一言を伝えましょう。
・謹んでお悔やみ申し上げます
・この度はまことにご愁傷様でございます

事務的な連絡も短く

保護者から問い合わせがある場合（例「いつまで忌引か」）があります。そのようなときにでも事務的な連絡は短めにします。

使ってはいけない一言

一般的にお悔やみの言葉で使ってはいけない言葉があります。
たとえば，「重ね重ね」「くれぐれも」といった「重ね言葉」は，不幸が続くことを連想させるので，使わないようにします。（例「くれぐれもお大事にしてください」）
また，広く使われる「ご冥福をお祈りいたします」は，もともとは仏式で使われるものです。宗派によって使う言葉の違いがある場合もあります。
良かれと考えて記した一言が逆に失礼となるのであれば，書かない方が無難です。

●一言お悔やみを述べる

> ご連絡、拝見しました。謹んでお悔やみ申し上げます。

> この度はまことにご愁傷様でございます。謹んで哀悼の意を表します。

●「忌引になるのか」といった問い合わせにも短く返信

> ご祖父様のご逝去に、謹んでお悔やみ申し上げます。告別式は忌引となります。どうかお力落としなさいませんように。

●お悔やみで使ってはいけない言葉

・重ね言葉
↓例「重ね重ね」「たびたび」「くれぐれも」
・「死去」「死亡」といった「死」を表現するもの
↓「ご逝去」に言い換える
・不吉なことを連想させるもの
↓例「切れる」「離れる」

●宗派によって異なる表現

・仏教…「ご冥福をお祈りいたします」
※浄土真宗では「ご冥福」は使わない。
・キリスト教…「安らかなるお眠りをご祈念申し上げます」

4 気になる質問や感想にどのように答える？

時には保護者から気になる質問や感想が出てくる場合がある。その返事の内容によっては，関係を悪くしたり，不信感を招いたりするときがある。その背景にあるものを考え，保護者が納得する回答を記したい。

その真意を考える

「運動会の紅白リレーの選手はどのようにして選ばれたのですか」

「学級通信に出てくる子どもの名前が同じ気がします」

このような質問や感想が書かれている場合には，その真意をいったん考えてみましょう。「リレー選手に選ばれなかったので，保護者が納得していないのではないか」「学級通信に我が子の名前が出てこないので，残念に思っているのかもしれない」とピンとくるはずです。

不満を含んだ質問に対しては「納得」を意識して

先のリレー選手選考の質問が，我が子がリレー選手に選ばれないことへの不満が含まれているのなら，単に方法だけを記すだけではなく，公平な選抜で，子どもたちも納得するものだったことを強調した書き方にする必要があります。さらにその子への励ましがあれば，保護者の気持ちも和らぎます。

要望が考えられる感想には事実を確認しつつ，方針を伝える

先の学級通信の感想は，半ば要望も含まれていると考えましょう。

まずは，保護者の指摘の部分が実際そうだったのか確かめたうえで，保護者の要望にも一理ある場合には，共感的な回答をしていきましょう。

そして「子どもたち全員のよさを伝える」という，もともとの学級通信の方針に加えて，今後の方針も書いていきましょう。

●不満を含んだ質問に対して

運動会の紅白リレーの選手はどのようにして選ばれたのですか。（二年生女子の例）

ご連絡、ありがとうございます。
紅白リレーの選抜の問い合わせの件についてです。今回は、先月、五十m走でのタイムを学級で二回計測しました。その中で速い児童六名を選び、その子たちで同時に競争させました。一回だけではなく、二回行い、早い着順の上位三名がリレーの選手となりました。これは子どもたちにも事前に「早い順に選手です」と伝え、納得をしてもらっていますので、ご理解くだされば有難いです。
○○さんもがんばりましたが、惜しくも二回とも四着でした。残念そうでしたが、「運動会では徒競走で一位を目指す」と話していました。本番での活躍を期待いたします。

●要望が考えられる感想に対して

（前文略）学級通信に出てくる子どもの名前が同じ気がします。（五年生男子の例）

授業参観ならびに学級通信のご感想をありがとうございました。
今までの学級通信を確かめましたら、確かに二回、同じ子の名前が出てきていました。○○さんのことはまだ書いていませんでしたので、親御さんも気になったことでしょう。ご指摘、ありがとうございました。
学級通信は、学級の様子を伝えるだけではなく、学級全員のよさを伝えることも目的としています。いつも元気に発言している○○さんのことを今後は伝えていきますので、どうぞ楽しみにしていてください。

5 事務的な連絡こそ子どもに関する一言を

持ち物や行事といった個別的な事務連絡が必要な場合がある。
連絡事項を書くことでその目的は達成するが，保護者がメッセージを読むせっかくの機会である。子どものちょっとした情報を伝えたい。

連絡の前に最近の行事の様子を記す

「連絡です」といきなり事務連絡から入るよりは，挨拶代わりの文を入れてみましょう。

特に保護者が参観する行事や子どもたちが活躍する学習があったときには，その様子も書きやすいものです。

連絡の後にこのごろの学校での様子を記す

先のような行事がない場合には，連絡のあとに「このごろの様子」という形で数行記しましょう。

「思い浮かばない……」という場合には，その日に様子観察したり，「このごろ好きな勉強は何？」とさりげなく聞いたりして，書くことを決めます。

なお，そのような場合にも，はじまりの文章には簡単な挨拶文を入れた方が，温かみのある連絡になります。

義務ではないが，信頼度が高まる

このような「一言」は義務ではありません。目的は「連絡をする」ということですから。

それでも「追加の一言」がもたらす効果は大きいものです。「先生は我が子のよい点を見ている」ということを伝えることになるからです。

それは担任としての信頼度を高めることになります。

●連絡の前に最近の行事の様子を記す

先日の運動会では、片付け作業にご協力いただき、ありがとうございました。○○くんも、白組応援団の一人としてがんばりましたね。運動会のまとめでは、「協力することの大切さを学んだ」と発表をしていました。

さて、ＰＴＡ学年レクのことで学級役員としての連絡があります……

いつも、ありがとうございます。

先日の「ふれあい集会」では、○○さんが司会をして、全校児童の前で堂々と話すことができました。本人も自信がついたようです。

さて、来週のことで連絡があります……

●連絡の後にこのごろの学校の様子を記す

学校へのご協力、いつもありがとうございます。

今度の学習発表会の服装に関わって、連絡があります。○○くんは、四人の「コーラス隊」となりました。次のものをご準備くださるようお願いをいたします。

・白のワイシャツやポロシャツ
・黒または紺のズボン

よろしくお願いいたします。

このごろ、○○くんはなわとびに夢中のようで、休み時間も二重跳びに挑戦しています。本人に聞くと、「目標は五回連続」とのことです。意欲的な練習ぶり、すばらしいです。

6 子ども同士のトラブルの訴えがあったら

　連絡帳を見て，すぐに対応をしなければいけない連絡がある。「友達とトラブルがありました」といった保護者からの訴えは，その最たる例である。どのように対応をしたらいいのだろうか。

文章だから返事を考えられる

　子どものトラブルの訴えが，連絡帳や手紙に書かれてくる場合があります。

　「なぜ直接電話ではなく，連絡帳に？」と感じるかもしれませんが，保護者には「連絡帳で伝える方がよい」と判断した理由があったのでしょう。

　たとえば，「昨日遅い時間帯に，子どもからトラブルの話を聞いた」「伝えたいことを整理したいので文章化した」といった理由です。

　教師にとっても文章を繰り返し読むことで，どのように返事をしたらよいか時間をかけて考えることができるよさがあります。

書くべきことと直接伝えることを区別する

　トラブル対応の返事については，「説明が長くなる」「子どもが書いたものを目にしてしまう」「保護者とのやりとりを直接した方がよい」といった理由から，連絡帳や手紙よりも家庭訪問や電話の方がお互いの理解を深めます。

　ただ，保護者とすぐに連絡がつけられない場合には，連絡帳や手紙に何かしらの返事を書く必要があります。何を書き，直接伝えることは何か吟味していきましょう。「保護者の気持ちの受容」「対応の方針」「どのように報告するか」について，連絡帳や手紙にまずは記したいものです。

　なお，トラブルの内容は管理職や学年主任に早めに報告します。対応についても，事前に確認してから連絡帳に書く方がスムーズです。

●こんな訴えがあったら……

昨日のことです。息子が登校する時に、同じ班の2組の△△くんから、「いつもおそいんだから」と悪口を言われて、押されたようです。転びそうになったので、息子も言い返してけんかになりそうだったところを六年生に止めてもらったとのことです。

△△くんは、以前から似たようなことをしていて、昨年もトラブルになり、先生方に指導をしていただきました。今年になってから、息子だけではなく、他の子もされているようです。

地区で保護者の方と話しても、「子ども同士のこと」といった感じでとりあってもらえません。何とか対応していただけないでしょうか。

●取り急ぎの対応を記す

ご連絡、ありがとうございます。

トラブルの件、承知いたしました。昨年から続けているということで、いろいろと悩まれたことと思います。①

重大な事案ですので、さっそく子どもたちから聞き取りをして、明日からトラブルがないように必要な指導をすぐにいたします。②

その結果については、直接説明をしたいと思います。今日の六時過ぎに家庭訪問をしたいと考えています。都合はいかがでしょうか。③

一度お電話を入れますので、よろしくお願いいたします。

今回の例で連絡帳に書くこと

①トラブルの受け入れの返事

②すぐに行う対応の方針

③結果説明の段取り（具体的な説明は直接行う）

7 指導法に対する指摘が出てきたら

「わからないときに手を挙げても，なかなか教えてもらえないと言っています」……こういう指摘が来たら，「一生懸命に授業をしているのに……」とつい思いがちだ。しかし，それは「有難い指摘」でもある。

「指導法改善の意見」ととらえる

批判を好きな人はいません。しかし，ここで「○○くんだから」「あの保護者だから」と子どもや保護者のせいと考えてしまっては，保護者の指摘を無駄にしてしまうことになります。

これらを「指導法改善の意見」ととらえましょう。「何回か『あとで教えるね』と言ったけどしなかったな……」というように，ちょっとでも心当たりがあれば，なおさらです。

「指摘への感謝」「事情の説明」「改善への方針」を記す

返信として，まずは「指摘への感謝」を書きましょう。保護者もできれば担任への意見は書きたくないと思っています。しかし，我が子のよりよい成長を願って「やはり書くべき」と判断されたのでしょう。

また，心当たりがあれば「具体的な事情の説明」もしましょう。そこで保護者も「そういう事情があったのか」と理解が進みます。

そして「改善への方針」と「今後のお願い」でまとめるようにします。

管理職や主任に返信のコピーを渡す

批判的な連絡が来た場合には，管理職や学年主任，関連する主任等に実際の文面を見せて報告しましょう。また，返信のコピーも渡します。それが事後報告の代わりとなります。

●「わからないときに挙手してもなかなか教えてもらえないと言っています」という批判に対しての返信例

○○さんの学習に関わってのご連絡、ありがとうございます。拝見させていただきました。①

ご指摘いただいたこと、算数の時間のことと思われます。わり算の練習問題に取り組んでいるときに、○○さんがわからないところがあり、手を挙げました。他の子への指導も多く、簡単にしか教えることができませんでした。②

○○さんからすれば、勇気をもって手を挙げたかもしれないのに、残念なことだったと思います。十分な指導ができなかったことをお詫びいたします。③

今後は、練習問題をする時間だけではなく、授業時間の中でこまめに指導に回ったり、ドリルタイムで補充指導をしたりしたいと思います。④

その様子については、また報告いたします。⑤

今回のご指摘は自分の指導法を改めて考える機会となりました。今後もどうぞよろしくお願いいたします。

①指摘に対して感謝の気持ちを伝える。今回は最後にも伝えている

②指摘された部分についての事情を説明する

③不十分な指導についてお詫びをする

④改善のための方策を提示する

⑤再度報告することを予告する

8 感想の返信で保護者との交流を深める

授業参観や行事等の感想には教師も励まされる。
返信も積極的に行い，保護者との交流を深めよう。

「一言返信」だけではもったいない

授業参観や運動会・学習発表会といった学校行事のあとは，保護者からの感想が届くものです。

・「楽しい授業で，私もこんな授業を小学校のときに受けたいと思いました」
・「子どもたちのがんばる姿に感動しました」

このような好意的な感想に対して「ご感想，ありがとうございました」の一言だけの返事ではもったいないもの。交流を深めるために，教師からも積極的な返信をしていきましょう。

「感想の返信パターン」を作る

先のような感想に対しては，「返信のパターン」を準備します。

感想へのお礼＋関連する話題＋お子さんのこと＋終わりの挨拶

このように決めておけば，複数の返信もすぐに記すことができます。

我が子への「残念感想」には，その子のよさを

時には「我が子の授業態度にがっかりしました」といったものも寄せられる。このようなときには，安易に同調せずにその子のよさを伝えましょう。学校での別の面でのよさを知っているのは，担任のみです。

●授業参観の返信例

嬉しいご感想、ありがとうございます。

「音読発表」ということで、子どもたちも張り切って練習していました。

○○さんも、会話文のところを、気持ちを込めていましたね。

これも家庭での音読練習のご協力があったからです。どうぞ今後ともよろしくお願いいたします。

●運動会後の返信例

運動会のご感想、ありがとうございました。子どもたちのがんばりぶりを、このように書いてくださってありがたいです。

綱引きでは練習ではなかなか勝てなかったのに、本番では見事な勝利。私も思わず「やった！」と叫んでしまいました。

○○さんも、徒競走で一位をとって大活躍でした。

○○さんにとっても私にとっても思い出に残る運動会となりました。ありがとうございました。

●我が子の「残念感想」への返信例

昨日の授業参観と懇談会では大変お世話になりました。

○○さんの授業での様子が残念だったとのこと。確かに昨日はふだんと違って落ち着きのなかった面がありましたね。

ただ、ふだんの国語では、進んで発表しようとしていますし、作文も集中して書いています。次の授業参観では、そのような姿をお見せすることができれば……と思っています。

ご感想、ありがとうございました。

9 子どものよさをどんどん発信しよう

お願いごとやトラブルの連絡と違い，「子どものよさ」の連絡は教師もうれしいものである。「気軽に」「どんどん」発信したい。
子どもたちも保護者も，そして教師も幸せになる連絡である。

連絡帳なら気軽によさを伝えることができる

子どもたちのよさを一番知っているのが担任です。そのよさを保護者に伝えることができるのも担任です。

連絡帳であればそのよさは気軽に伝えることができます。その子の保護者だけが読むのですから，よさをストレートにどんどん書きましょう。これが学級通信だとさまざまな配慮が必要になりますし，電話だとつながらずにタイミングを逸してしまう可能性もあります。

具体的なエピソードを

子どもたちのよさを書くときには，ぜひ具体的なエピソードを入れましょう。「○○さんは，友達に対してやさしいです」と書くよりは，「休み時間に校庭で転んだ友達に『大丈夫？』と声掛けをして，保健室に連れていってくれました」と書いた方がよさがより具体的に伝わります。

全員に対して，定期的に書いていく

特定の子どもだけではなく，定期的に全員に子どもたちのよさを書きたいものです。そのためには，チェック表を準備しましょう。毎日２人ずつ書けば，１ケ月で全員に書くことができます。

チェック表で「残っている子」は，逆に注目することになりますから，よさを発見しやすくなります。

●具体的なエピソードを入れて伝える

いつも学校へのご協力、ありがとうございます。
今日、嬉しいことがありました。
給食準備中に、○○さんが友達が汁物を床にこぼしたときに、ぞうきんでさっとふいて片付けてくれたのです。迷わずに行動する様子に感心しました。
おうちでもぜひほめてください。

●個人の成長を伝える

いつも学校へのご協力、ありがとうございます。
今日、○○さんの成長を感じるできごとがありました。
国語の時間の最後に、漢字練習に十五分間取り組むことができました。ドリルもていねいに書いていました。
一学期に比べたら大きな成長です。
おうちでも続けて励ましてください。

●その日だけではない日常の様子を伝える

いつもお世話様です。
毎日「すばらしいな」と思うのが、○○さんのそうじぶりです。
真剣にすみずみまでふきそうじをしています。「がんばっているね」と話しかけると、「きれいな教室、気持ちいいもん」と答えてくれました。※
その心、学級のみんなにも広めていきたいと思います。

※子どもとやりとりをすると、さらに書きやすくなる。

10 ちょっとした出来事はこう伝える

一応保護者に伝えておいた方がいいような「ちょっとした出来事」が時にはある。そのようなときには書き方に迷い，意外と時間がかかるものである。どう書いたらよいのだろうか。

保護者の心配が増すことがないように

「少しの間，具合が悪かったので体育を休んでいた」「友達と小さなトラブルがあった」……わざわざ電話をするほどではないが，一応伝えておいた方がよい出来事があります。

そのようなときには，保護者の心配が増さないような書き方にしましょう。「家でも注意してください」といった要求を書いたのなら，逆効果になってしまいます。

出来事のみを伝える

担任が伝えたいのは，学校であった出来事です。客観的にその出来事のみを伝えるようにしましょう。

「小さなトラブルとも思われますが，相手があることなので……」というように主観を入れてしまうと，保護者も「相手がどう思っているか心配。先生に連絡をしないと……」という気持ちになってしまいます。

「幸いです」「有難いです」を使う

「～してください」という言い方が負担を強いている表現だと思われる場合には，「～していただくと幸いです」「～してくだされば有難いです」といった書き方にしてみましょう。保護者も負担感や義務感をもたないで受け取ります。

●学校でのトラブルを出来事のみ伝える

いつも学校へのご協力、ありがとうございます。

今日の昼休み時間のことです。体育館でドッジボールをしていたときに、ある子と言い争いになりました。お互いに悪口を言い合い、別の友達が間に入って止めました。

連絡を受けて、私も体育館に行き、二人から事情を聞いて、お互いに謝って、仲直りをしました。その後は楽しくドッジボールをしました。

学校での出来事ということでお伝えいたします。

●「幸いです」を使う

今日は元気に登校したのですが、二時間目の体育の時間（体育館で跳び箱運動）に「少し頭が痛いです」と言いに来ました。

熱はなかったのですが、大事をとって30分ほど保健室で休みました。

休み時間のうちに教室に戻って、それからはいつも通りに過ごしました。給食も全部食べました。

帰りも大丈夫ということで、歩いて帰らせますが、念のためご家庭でも様子を見ていただければ幸いです。

よろしくお願いいたします。

11 連絡帳NG集

連絡帳は保護者との信頼を増すツール。
しかし，使い方によっては保護者からの不信を招くツールにも早変わりしてしまう。

課題点が中心のもの

連絡帳に教師が書くことが，我が子の課題点ばかりだと，保護者が我が子のしつけや性格を否定されたと思うものです。また，連絡帳が叱られるもとになり，子ども自身が連絡帳を見せなくなる可能性があります。

要望に対して感情的に反論している

担任に対する要望を連絡帳に書くことが「勇気のいる」という保護者もいます。それに対して感情的に反論すると，「先生には何を言っても通じない」と感じてしまいます。

乱雑な文字

限られた時間で何人もの子どもたちに連絡を書こうとすると，字が乱雑になってしまう場合があります。「こんな文字で先生は教えているの？」と思う保護者もいます。共通する連絡なら，パソコンで打ち込んでプリントアウトしたものを連絡帳に貼る方が効率的です。

連絡が不十分なもの

子どもが連絡帳に持ち物を書く場合も，「いつまで」を明記しないため，「明日までなの？」と保護者が慌ててしまう場合があります。持ち物の連絡は慎重さが必要です。

●NG例　課題点ばかりを指摘される

持ち物についてですが、今日も消しゴムを忘れました。となりの○○さんから借りたのですが、毎回のことなので嫌がられ、そこから口げんかとなりました。このごろは、宿題も未提出のことが多くなっています。ご家庭でもしっかりと取り組ませてください。

※課題点が多い場合には電話でお願いと言う形で伝える方がベター。

●NG例　もってくる日が不明

②もちもの
コンパス・三かくじょうぎ

●OK例　「いつまで」を明記

②もちもの（来週7日までにもってくる）
コンパス・三かくじょうぎ

●NG例　感情的に反論をする

「自分だけが強くしかられた」ということでしたが、そんなことはありません。昨日のトラブルのときには全員厳しく注意をしています。一人だけではありません。○○くんは昨日に限らず、友達とのトラブルがしばしばあり、困っているところです。注意をしても素直に聞きません……

●OK例　一度受け止める

まずは、昨日のことについてご連絡をいただき、ありがとうございます。「自分だけが強くしかられた」と○○くんが感じられたこと、申し訳なく思います。お母さんのお気持ちが伝わってきました。

昨日のトラブルのときには、こちらの意図としては、学級全体に対して注意をしました。「これを機会に学級が高まってほしい」という願いで、ふだんより厳しく話しました。その点を○○くんが自分のことのように感じたのかもしれません。

このごろの様子については、改めて今晩お電話をさせていただけないでしょうか……

COLUMN　壁に貼られた連絡帳

子どもは認められ，励まされることによって自信をもつ。
それぞれの子のよさを直接話すだけではなく，学級通信や電話，連絡帳で保護者にも伝えた。さらに，「日直は必ず連絡帳でほめる」と決めておいたので，１ヶ月に１～２回は全員が連絡帳で必ずほめられることになった。

２年生を担任したときのこと。「落ち着きがなく，よく注意を受ける」という引き継ぎを受けたＡ君がいた。確かに新しい学級になっても，なかなか集中できなかった。複雑な家庭事情で祖父母が養育していた。
Ａ君が日直のときのこと。「日直は必ず連絡帳でほめる」ようにしていたが，パッと思い浮かばなかった。「それなら，日直の仕事をきちんと行ったことを書こうかな。それも事実だし……」と，朝の会・帰りの会等の進行をしたこと，帰りの片付けをしたことへの感謝を記した。「家の人に『ほめられたよ』と伝えてね」という言葉と共に。

それから，２週間ほど経ってから，家庭訪問があった。ふと壁を見ると，その時にほめた連絡帳のページがきれいに切り取られ，貼ってあるのを見つけた。そのことを話題にすると，祖母が「家に帰るなり，『ほめられたよー』と連絡帳を見せてくれたんです。連絡帳でほめられのは珍しくて……。よほど嬉しかったんでしょうね。記念に貼りました」と笑顔で答えてくれた。

自分が急いで書いた連絡帳ではあったが，このような形で使われたのは初めてであった。それからも，日直の度ごとに連絡帳ではＡ君のよさを記していった。そのたびに，Ａ君は祖母に連絡帳を見せて，喜びを共有していたようだった。そしてＡ君も少しずつ変わっていった。
この出来事は，子どものよさを家の人向けに発信することの大切さを，私自身が改めて感じることとなった。

第1章　わかりやすい文章を書く10のポイント
第2章　連絡帳・手紙で保護者との関係をつくる

第3章
よくある連絡文・通信にはこう書く

第4章　実務文書は正確・簡潔に
第5章　一社会人としての文章マナー

1　確実に伝わる持ち物の連絡文書

> 学校からの通信や文書で，保護者が注目するものの一つが持ち物の連絡である。子どもたち自身の責任で持ってくることも大切だが，担任としての気配りとして，保護者にも確実に伝えたいものである。

準備する意図・分量・期日を伝える

子どもたちが学習用具を自分の力で準備をすることは当然のことです。しかし，口頭のみの指示だけでは正確に伝わらないことがあります。保護者に誤解を招かないように，その意図・分量・期日をわかりやすく伝えましょう。

余裕をもって伝える

いきなり，「明日使うので準備を」と言われても，保護者も急に準備ができない場合があります。もしかしたら，子どもが伝え忘れていたかもしれませんし，「家にある人は」ということだったかもしれません。ただ，保護者からすれば，「急に言われても」という不満が募ります。余裕をもって伝えておくようにします。

配付物が多い場合には一覧表に

学年初め，学期初めは配付物・提出物が多いものです。保護者にとっては，「どれが提出するものなのか」「いつまでに提出したらいいのか」「新しく書くのか，朱書きするものなのか」と混乱する場合があります。そのような場合には，「配付物一覧表」にして連絡をします。これは教師にとっても，配付物漏れをなくすメリットもあります。

また，教科書も何冊配付されたのか，どの学年まで使用するのかといったことは正確に連絡をしましょう。

●１年生の図工の準備物の例

★空き箱収集のお願い

図工で，来月「はこを使って」という学習をします。これは，子どもたちが持ってきた空き箱を使って工作を作るものです。（教科書○ページ）

そこで，**空き箱の準備**をお願いできないでしょうか。

- **大きさは問いません。**
- **一人４個以上準備してくだされば工作はできます。（多くても構いません。）**
- **工作は10月上旬から始めます。９月末日までにご準備くだされば有難いです。**

学習に関するものは，子どもたち自身が準備することが大切です。子どもたちには，「自分たちで家族に伝えること」を今日の宿題の一つとして出しました。どうぞご協力をお願いします。

なお，ご不明の点がありましたら，連絡帳でご連絡ください。

●本日の配付物一覧表（５年生学年通信掲載例）

配布物	点数	連　絡	提出期日
教科書	10	・国語，書写，社会，算数，理科，音楽，図工，家庭，保健，道徳の10冊※ ・記名をお願いします。	時間割に沿って
家庭調査票	1	・記入をお願いします。 ・４年生時のものを返却します。	４月12日（水）
健康調査票	1	・記入をお願いします。	４月12日（水）
緊急連絡カード	1	・４年生時のものを配付します。修正部分を朱書きしてください。	４月10日（月）
授業参観・学級懇談会案内	1	・当日学級 PTA 役員を決めます。	
名札	1	・記名をお願いします。学校でのみ着用	４月10日（月）

※家庭，保健は５・６年用です。６年生でも使用します。
※４年生の時に使った地図帳を５・６年生でも使用します。

2 有意義な家庭訪問にするための文例

家庭訪問は短時間ではあるが，保護者との信頼関係を作る貴重な機会である。予定一覧表に加えて，保護者が「訪問してよかった」と思うような工夫を通信や文書に盛り込みたい。

事務的な連絡を正しく伝える（①と④）

家庭訪問は学校としての基本的な方針があります。訪問時間，茶菓の対応等，学校全体で決まっていることは，正しく伝えます。その際，「学校全体の方針により，茶菓等は一切必要ありません」といったような事務的な表現だと受ける印象も冷たく感じますので，注意をしましょう。

家庭訪問の目的がわかるような内容を（②）

家庭訪問では，自宅の位置や環境を知るだけでなく，保護者と個別に学校や子どもの話を深めることが大事です。そのような場であることを明記します。教師は子どもたちのよさを具体的なエピソードで伝えることができるように準備します。

家庭訪問のアイデアをさりげなく盛り込む（③）

家庭訪問は，家庭での子どもたちのよさを教師が知ることも大切です。事前に「家庭でのよいところを教えてください。学級通信に掲載しますので」とお願いをするのも，そのための一つの方法です。

実際に一人一人のよさを聞き，翌日その内容（例「毎日玄関そうじをしている」「素直に話を聞いてくれる」）を記した学級通信を教室で読み上げたときには，他の子からは拍手の連続でした。

このような家庭訪問のアイデアをさりげなく盛り込むのも一工夫です。

●学級通信による家庭訪問のお知らせ

★27日から家庭訪問です

４月27日～５月１日まで家庭訪問です。

訪問希望時間へのご協力，ありがとうございました。以下のように訪問をしたいと思います。よろしくお願いいたします。

	27日（月）	28日（火）	30日（木）	１日（金）
13:20～				
13:40～				
14:00～				
14:20～				
14:40～				
15:00～				
15:20～				
15:40～				
16:00～				
16:20～				

①　１軒あたり15分ほどの訪問になります。短時間ですが，有意義な時間にしたいと思います。

②　私からはお子さんの学校での様子をお伝えしたいと思います。学校生活に関わってお話ししたいこと，質問したいことがありましたら，あらかじめご準備をお願いします。

③　また，家庭でのお子さんのよい点を２つお聞きしたいと思います。一人一人のよさを私も知りたいと思います。

④　茶菓等のお気遣いはありがたいのですが，どうぞご無用願い上げます。よろしくお願いいたします。

3 参加率アップ！授業参観・懇談会の連絡

授業参観や学級懇談会の案内は学校から案内文書が出されるのが一般的である。それと別に，案内文書や通信を工夫して発行することで，保護者の関心もアップする。キーワードは「予告」である。

具体的な内容を予告しておく

参観日の教科や単元名だけでなく，具体的な授業の流れについて簡単に伝えることで，保護者もどのような授業内容か知ることができます。複数学級を参観する保護者にとっては，どのタイミングで参観したらよいか判断できるので，有難い情報になります。

また，学級懇談会も次第と時間を明示することで，おおよその流れがわかります。「最初に学級の様子を動画で紹介してくれる……おもしろそう」と興味もわきます。

話や資料の内容を一部予告する

学級懇談会では，保護者が「来てよかった」と思うような話や資料をあらかじめ準備します。それを当日だけ提供するのではなく，事前に「予告版」として一部案内文に組み入れましょう。保護者が少しでも関心を示したら，予告の価値があります。

「お忙しい中での来校」を意識した文面に

「保護者が授業参観や学級懇談会に参加するのは当然のこと」と考えていないでしょうか。保護者の中には，なかなか時間が取れない中で，参加してくださる方もいます。「ご多用とは存じますが」「ぜひご参観いただきますよう，ご案内申し上げます」というように，気配りをしたいものです。

●授業参観・学級懇談会の学級通信の案内（４年生）

来週２月８日は授業参観・学級懇談会です

１月10日付の案内文書のとおり，来週の８日は授業参観ならびに学級懇談会です。授業参観では１・２学期に比べて成長した姿をご覧いただきたいと思います。また，学級懇談会ではこの１年の成長ぶりを動画にまとめています。ご多用とは存じますが，ぜひご参会いただきますよう，ご案内申し上げます。よろしくお願いいたします。

★参観授業（14：00～　算数「小数のかけ算」）の流れ

①小数のかけ算のドリル問題（10分）
②教科書の小数の発展問題に挑戦する（20分）
③グループごとに小数の問題作りをする（10分）
④感想発表（５分）
※子どもたちのドリルでの集中力，後半部分の意欲的な話し合い活動ぶりを，ぜひご覧ください。

★学級懇談会（15：00～）の次第

①はじめの言葉
②子どもたちの様子の紹介（担任・動画で。15分）
③懇談（20分）資料を準備しています。
④今年度のPTA活動の反省（10分）
⑤その他
⑥おわりの言葉　終了予定16：00
※個別面談を希望される方はそのままお残りください。

③では，「家庭でできる情報モラル教育」（県教育センター発行）の内容をもとに，皆さんとケータイ・スマホとの付き合い方を考えたいと思います。主な内容を裏面に掲載しました。

4　期待感を高める運動会・学習発表会の紹介

運動会や学習発表会は保護者も楽しみに参加する行事である。その内容の紹介に，子どもたちの声や参観に役立つ情報を加えると，保護者の期待感も高まる。

「子どもの声」を掲載する

運動会にしても，学習発表会にしても保護者が一番見たいのは，我が子の出番です。子どもたちが30人いれば，30通りの見どころがあります。

それならば，あらかじめ子どもたちに「見どころ」を書いてもらい，全員分を掲載しましょう。運動会でもある子は徒競走を，ある子はダンスを，そして「係活動でがんばるところを見てほしい」というように，子どもたちの声は違うものです。

「書き込み式」は直接メッセージが伝えられる

子どもたち全員の声を掲載すると，どうしても一人一人のスペースが限られます。詳しく個別に紹介したい場合には，通信に「書き込みコーナー」を設けます。一人一人のメッセージを直接家の人が読むことができます。ただし，家の人ががっかりしないように，誤字・脱字や文章量のチェックは必要です。

「位置情報」を知らせる

運動会の場合に保護者に伝わりにくいのが，子どもたちの「位置情報」です。たとえば，ダンスの場所を子どもたちが言葉で説明しても，学校の様子がわからない保護者にとっては，難しいものです。そのような場合には，校庭の図に子どもが書き込めるようにすれば，すぐに位置情報が伝わります。

●運動会の子どもによる見どころ紹介

・勇人……徒競走を見てほしいです。カーブの走り方を練習したし，自信があるからです。

・優佳……騎馬戦が私の見どころです。白チームで作戦を考え，みんなでがんばったからです。チームワークも抜群です！

※行数を揃えるために，子どもたちに書いてもらうときに，あらかじめ文字数を指定しておくとよい。

●学習発表会についての「書き込みコーナー」

学習発表会の劇「私たちの大好きな海」の見どころを直接子どもたちが書きました。ぜひご覧ください！

●位置情報を伝えるコーナー

★出番情報です

1　私は徒競走　　組　　コースです。

2　ダンスはここで踊ります。　→→

（星印がついたところです。）

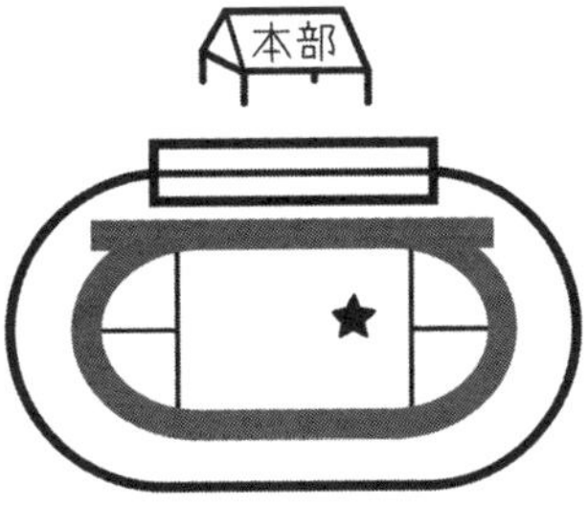

5 遠足は情報を一工夫して示す

遠足は子どもたちにとって楽しい行事である。教師にとっては，より充実した学習活動にするために事前に下見に行く。その成果を連絡情報に組み入れよう。保護者にとっては大切な情報になる。

基本情報を入れる

遠足の連絡で必須の情報がいくつかあります。集合・解散の時間と場所，雨天の場合の対応，持ち物等です。準備に必要があるので，これらは早めにお知らせしましょう。

その他に，当日のことで連絡をしておいた方がよい情報があります。たとえば，当日の緊急連絡先，トイレ情報（トイレが近い子の保護者にとっては安心する情報です），翌日の連絡はどのようにするかといったことです。これらも必要に応じて記します。

見やすい形で行程を示す

行程を示すポイントは「時間と行動の流れがわかりやすいこと」です。パッと見て，何時にどこにいるかがわかるようにします。

また，見やすくするためには余白を十分にとることも大切です。

ミニ情報で興味を高める

事前に下見に行くメリットは，見学先に関する情報を仕入れることができることです。その情報は，事前学習で子どもたちに提供するとともに，通信にも掲載しましょう。通信を見ながら，親子で「駅長さんへの質問はどんなことを考えたの？」といった会話ができるといいです。

●学年通信掲載の遠足予定例（2年生）

★遠足の予定

8：10までに登校・教室へ（トイレ）

> 緊急の連絡は8：10までに学校にお願いします。日中の連絡は学校にお電話ください。

8：30　玄関で出発式　徒歩で○○駅へ

9：00　○○駅到着。駅長さんの話。

> 電車に乗ることも学習の一つです。駅長さんへの質問も考えました。

9：16　電車で△△駅へ

9：33　△△駅到着（トイレ）　徒歩で□□動物園へ

10：00　□□動物園着（トイレ）　見学

> 観察するだけでなく，飼育担当の方から説明を受けます。

11：30　□□動物園出発　徒歩で●●公園へ

11：45　●●公園到着・お弁当（トイレ）　アスレチック遊び

> 御存じ●●公園です。友達と一緒に楽しみます。

13：20　●●公園出発　徒歩で△△駅へ

13：55　電車で○○駅へ（トイレ）

14：12　○○駅到着　徒歩で学校へ

14：40ごろ　学校着・解散式（トイレ）

> 帰りの連絡については，前日のうちに済ませます。

14：50下校

※裏面に遠足コースの地図と行く場所の写真を掲載しました。

6 きまりの徹底のためのお願いはこう書く

きまりについては年度当初や長期休業前等，保護者に伝えているであろう。しかし，そのルールが徹底しない場合には追加で連絡することも必要になってくる。きまりを守ることの大切さを丁寧に説明することが大事である。

ルール徹底のための実態を伝える

きまりの徹底をお願いするということは，それが徹底されていないという実態があることです。その事実を正しく書きましょう。右ページの例では①のように，「保護者の方からの指摘」「各学級での確認」から，徹底されていないという事実を伝えています。ただ，あくまでも児童の一部であるということも記しています。

きまりを守ることの必要性を丁寧に伝える

きまりを作るには理由があります。一方的に「必要だ。守ろう」と訴えるのではなく，なぜ自転車のきまりが必要なのかについて②で書いています。そして，そのきまりについて学校全体で今までどのような指導をしてきたか，これからどのようにしていきたいかについても伝えています。

このような形で丁寧に説明することが，保護者の理解につながります。

あくまでも「お願い」という形で訴える

自転車乗車は家庭での協力が不可欠です。その点では，家庭に「お願い」という形で文書を発行することが大切です。③のように，「お話いただければ幸いです」「ご協力をよろしくお願いします」といった表現で終わるようにします。

●「学年通信」でのきまり徹底のお願い例

★自転車乗車のきまりの徹底について（お願い）

先日，本校児童の自転車乗車のしかたが危険であるというご指摘を保護者の方からいただきました。５年生の各学級で自転車のきまりについて確認をしたところ，きまりを守っていない児童も一部見られました。特に乗車禁止道路で乗っている例が目立ちました。①

自転車の間違った乗り方は，交通事故にもつながりますし，場合によっては歩行者に危害を加える時もあります。交通安全教室や全校朝会，日常の学級指導等で，自転車乗車について指導してまいりましたが，今後改めてきまりの徹底を図っていきたいと考えます。②

つきましては，児童の交通安全確保のために，以下の「本校自転車乗車のきまり」についてご家庭でもお話いただければ幸いです。

皆様のご協力をよろしくお願いいたします。③

1　本校自転車乗車のきまり

①　ヘルメットを着用して乗ります。

（以下略）

7 予定変更のお知らせは強調部分を明確に

やむをえず予定の変更をする場合がある。特に下校時刻の変更は，子どもたちにも放課後の予定があるので，一方的に口頭で伝えるだけでは説明不足である。変更理由・変更部分を文章化して丁寧に対応したい。

変更になった理由と変更部分を明記する

スポーツ少年団活動や習い事，通院等，子どもたちにも放課後の予定があります。できるだけ予定変更は避けるべきですが，やむをえず予定が変更になる場合には，決まった時点ですぐに連絡をしましょう。

一番伝えなければいけないのは，どの部分が変更になったのかということです。フォントを変えたり，波線を引いたりして目立つようにします。同時に変更理由とお願いも記し，誠実さが伝わるようにします。

誤りの訂正は正誤を明確に

過去に発行した文書の誤りを訂正する場合には，どこが誤っていたか，正しい情報が何か，記します。比較して記載すると訂正部分がわかりやすくなります。また，誤りを訂正するわけですから，お詫びの言葉も挿入します。

保護者への配慮を忘れずに

学校の予定変更で，通院や習い事の予定を変えなければいけない子どもが出てくるかもしれません。また，逆にどうしても予定が変更できない場合があるかもしれません。

そのような場合には，「予定が入っている場合にはお申し出ください」といった保護者に配慮した一文を入れることが必要です。また，予定が変更になった子どもには，個別にお詫びの一文を連絡帳に記すとよいでしょう。

●予定変更の連絡

本校では，校内研究会の一環として9月18日（水）に3年1組の研究授業（国語）ならびに授業研究会を行います。

つきましては，以下のように，児童の下校時刻を変更させていただくこととなりました。急な連絡で恐縮いたしますが，ご理解とご協力をいただけますようお願い申し上げます。

また，翌19日（木）は6校時授業に変更となります。すでにご都合が入っている場合には，ご遠慮なく申し出てくだされば幸いです。よろしくお願いいたします。

◎9月18日（水）

13：50～14：35　5校時研究授業（国語）

14：50　下校　（通常の水曜日は15：40）

◎9月19日（木）

13：50～14：35　5校時

14：40～15：25　6校時

15：40　下校　（通常の木曜日は14：50）

●誤りの訂正の連絡

5月20日（火）の予定に誤りがありました。お詫び申し上げます。

以下のとおり訂正いたします。

（誤）　給食なし　下校12：20

（正）　給食あり　下校13：10

8 子どもたちにも伝わる長期休業前の連絡

長期休業の前には，各種通信で連絡が行われる。保護者向けの通信ではあるが，それを使って子どもたちに説明する場合もあるだろう。子どもたちも読んでわかりやすい通信を心がけよう。

宿題は一覧表にする

連絡で欠かせないのは宿題や提出物です。「種類」「内容」「留意点」を一覧表にするとわかりやすいです。留意点には，必要な連絡（例「夏休み後に全員掲示します」）や教師の願い（例「早めに，計画的に取り組むことが大事です」）を記します。説明の続きとして，「みんなは何日ごろまでに宿題を終わらせたいですか？　目標を決めましょう」と働きかけて，余白部分に自分の目標を書き込むこともできます。

学校関連活動は，カレンダーで示す

夏休み中には，プール開放日，図書開館日，学級学習会等の活動が行われます。それぞれの項目をカレンダーにして通信に掲載することで，情報が一元化されます。自分の予定を組み入れて，見やすいところに貼っておくことで，スケジュール表の代わりとなります。

２学期の持ち物・提出物にはチェックリストを

２学期の持ち物・提出物は数が多いものです。チェックリストをつけて，実際に自分でチェックして，準備をします。

※事前指導だけではなく，長期休業中もフルに活用する通信にします。

●宿題・記入カードの一覧表（６年）

1	夏休みワーク	・４教科のワークです ・丸付けについては家の人と相談して決めましょう	早めに，計画的に取り組むことが大事です。
2	自主学習	・自主学習ノートを合計で40ページ以上行います ・内容は学期中と同様です	１学期の続きから行います。
3	自由研究	・テーマは「自由研究のしおり」を参考にします	夏休み後に全員掲示します。
4	読書カード	・夏休みの読書のうちから，２冊分書きます	夏休み図書貸出日が３日あります。
5	生活カード	・自分で決める項目もあります	各項目とも30日以上の丸を目指しましょう。

●２学期の連絡例（６年）

★２学期の始業式は9月1日（月）です。

持ち物リスト

□夏休みワーク　□自主学習ノート　□自由研究

□読書カード　□生活カード

□通知表（保護者印を押して）　□筆記用具

□上ばき　□連絡帳　□ぞうきん１枚

始業式の日の予定

□普通登校（8：05まで）

□提出物をすぐに出しましょう

□時間割

１校時・学級活動　２校時・始業式　３・４校時・自由研究発表

□12：15下校（給食なし）

9 通信に書くときに気をつけること

> よかれと思って発行している学年通信・学級通信。その書き方次第では，逆に信頼を失う結果になる。
> 通信を発行し続けるために気をつけることを常にもち続けたい。

誤字・脱字，間違った用語の使い方

基本中の基本です。回数が重なれば，「この先生は国語の力，大丈夫？」と思われます。

書いてから一度読み返すだけではなく，同僚にチェックしてもらいましょう。自分自身が間違った用語の使い方を教えてもらうこともできます。

誤りのある情報

行事等，日時の連絡をする場合には特に重要です。以下の点に気をつけましょう。

・日にちと曜日が違っている
・昨年度の元号のままになっている
・予定が変更になったのに，以前の予定のまま連絡している

「学校便り」のような別ルートの情報と違っている場合に，保護者はどちらが正しいのか迷います。また，１度発信された情報は修正版を出されても見逃される場合があります。日時・場所の連絡は特に慎重に確かめましょう。

無断転載・出典先不明

通信の興味を引こうとするあまり，記事に関連するイラストや写真を無断転載してはいないでしょうか。通信といえども，公的な文書です。コンプライアンス上の問題がないような掲載を心掛けます。

また，教育関係の文章や図表を書籍等から引用する場合には，出典先を明記するようにします。

掲載頻度が公平ではない

保護者が我が子の名前が出てきたときには特に注目するものです。逆に掲載頻度が少ない場合には，「我が子が書かれていないのはなぜ？　不公平では？」と思うときもあります。

作文のような一定分量を名前入りで掲載する場合には，回数をチェックしておきましょう。

我が子のことで保護者が気にしそうなこと

掲載回数が同じでも，保護者が恥ずかしくなるような内容は掲載しない方が無難です。

（例）作文が他の子たちに比べて短すぎる

（例）漢字検定の低い点数の公表

子どもや保護者を責めるような内容

「子どもたちの行動をよりよくしたい」と思い，通信に「これでいいのか家庭学習！」「アンケートで11時以降に寝る子が○％も！」といった内容を掲載する場合があります。そのようなときには，子どもや保護者を責めるような書きぶりになっていないか，読み直しが必要です。心のどこかでそのような気持ちがあると，結果的に文章に表れてしまいます。

また，表面上書かれていなくても，保護者が「家庭学習は，先生ももっと指導してほしい」と思う場合もあります。

COLUMN 「いざ，緊急文書発行」に備える

学校から保護者宛の文書として発行されるものは，大きく２つの種類がある。一つは，「学校便り」「行事案内」といった定例のものである。もう一つは「学級閉鎖」「台風の接近」といった緊急を要するものである。前者は計画的な発行なので，作成も編集もゆとりがある。しかし，後者は緊急のものだけに，作成も工夫も限られた時間の中で行わなければいけない。

緊急のものは，管理職が発行することが多い。そこで大切になってくるのは，日頃の備えである。「緊急文書の基本」を自分でもっていれば，引き継ぎファイルをもとに工夫ができる。

９月になってから，台風が接近し，急遽関連文書を発行することとなった。前年度まで引き継がれていた台風接近の文書をもとに作成したが，読み返すとすっきりしない。「この文書の基本は『重要な文書であることを知らせる』『必要な内容を簡潔に示す』『家庭でどのような対応をとったらよいか，わかりやすく示す』の３つ」と考え，次のように内容を加筆・削除した。

○「台風16号接近に関わる明日９月３日の登下校について」というタイトルに「(緊急・重要)」を加え，ゴシック体にして強調する
○「初秋の候……」という時候の挨拶を削除し，ずばり内容を示す
○「(１)　９月３日（木）の登校は平常どおりとする」というように，保護者がどのような対応をしたらよいか，簡潔明瞭に記す
○判断の根拠となる台風の気象情報について，引用先を明記して記載する

これらの内容は，以前関連図書を読んだときに，「いざというときのためにメモしておこう」と記録化しておいたものだった。「日頃の備えが緊急時に役立つ」ということは，文書発行でも同じなのだと感じたものである。

第４章
実務文書は正確・簡潔に

1　校外学習計画書

校外学習計画書には指定の様式がある。「必要な内容を記せばいい」という感覚では，計画書は形式的なものとなる。「どのような情報を読み手に伝えたらよいか」という視点で書いていくようにしたい。

必要事項にプラス・アルファの資料を

校外学習計画書に記す情報はシンプルなものです。学習内容，日時，行き先，引率者氏名等は必須情報ですが，それぞれ１行で書き終わります。

しかし，右の計画書の例の場合，行き先が「学校周辺」といっても，読み手からすると不明です。このような場合には，②のようにプラス・アルファの資料を加えます。地図に行き先の範囲が示されていれば，具体的にわかります。これは学習内容についても同様です。①のように教科書の情報があれば，具体的な学習内容も伝わります。

実施方法は詳しく記す

校外学習といっても「一斉に説明を聞くもの」「グループごとに行動するもの」というように形態がさまざまです。③のように詳しく学習活動について記しましょう。校外学習では，安全への配慮が不可欠です。詳しく学習活動を書くことで，読み手が安全性について判断するための重要な情報提供をすることとなります。また，④にあるように安全対策を重視する情報を書くことで，校外学習に万全の体制で臨もうとしていることが伝わってきます。

持ち物も記す

⑤のように教師と子どもの持ち物を事前に記すことで，他学年にも使用機器の情報が伝わります。

●校外学習計画書例

平成○○年○月○日

○○市立○○小学校長　様

○○市立○○小学校

４年１組担任　○○　○○　印

校外学習計画書

下記のとおり，校外学習を実施いたします。

記

1　学習内容　　学校のまわりの交通安全施設の見学①

（社会科教科書Ｐ10～11参照）

2　実施日時　　平成○○年○月○日（○）３～４校時

3　行き先　　学校周辺（別紙地図参照）②

4　実施方法　　（１）班ごとに調べ学習を行う（合計12班）。③

（２）４つの場所を班ごとに決められた順に回る。

（３）全ての場所を回ったら，班ごとに帰校する。

5　参加児童数　４年１組・２組　68人

6　引率者氏名　○○　○○，○○　○○

7　安全のための配慮事項　保護者13名が安全ボランティアとして各所で見守る。（別紙地図参照）④

8　その他参考事項⑤

記録用のデジカメを班に１台ずつもたせる。

担任は救急セットを持参する。

2 見学学習依頼書

見学学習は子どもたちにとって，貴重な学習の機会である。そのための事前依頼や依頼書作成は見学学習の事務仕事として欠かせないものである。依頼内容を明確にしてお願いをしよう。

今までの書式を基本とする

見学学習については，前年度にも同様の学習を行っており，各学校ではその書式が引き継がれていることでしょう。それを基本として，必要であれば修正を加えましょう。

・見学施設・機関の長の名前が正確か（代わっている場合もある。）
・本文が簡潔であるか（「挨拶」「内容」「お願い文」で構成。）
・日時，人数，連絡先が明記されているか（見学には引率者も含む。見学先が資料の準備をする場合もある。）

文書送付・事前打ち合わせは早めに

見学学習をする時期は年間計画で決まっています。電話での見学日程調整・文書発送・事前の打ち合わせは早めにします。

施設によっては，「質問内容を事前に知らせてほしい」という場合もあります。相手の都合も考え，直前にならないように見学の１週間前には送付するようにします。

教師も名刺を

事前打ち合わせのときには，相手先から名刺を差し出されることが多いものです。教師は名刺を持ち合わせていないことが多いものですが，よき機会ですから作成してみましょう。一度作成すると様々な機会に使えるものです。

●見学学習依頼書例

平成○○年○月○日

○○○○記念館
館長　○○　○○　様

○○市立○○小学校
校長　○○　○○　　印

施設見学のお願いについて

○○の候，貴職におかれましては益々ご健勝のこととお慶び申し上げます。また，この度の施設見学依頼につきましては，ご快諾いただき，感謝申し上げます。

さて，本校では，６年生が総合的な学習の時間に「先人から学ぶ」という学習を行っております。その中で○○○○について学習を深めたく，下記のとおり，貴施設を訪問させていただきたいと考えております。

つきましては，ご多忙のところ恐縮ではございますが，よろしくお願い申し上げます。

記

１．見学日時　平成○○年○月○日（○）　10時～11時

２．見学人数　児童第６学年　116名
引率教師　　　4名

３．連絡先　○○市立○○小学校
住所　〒000-0000　○○県○○市○○○１丁目３―３
電話　0000-00-0000　ファックス　0000-00-0000
担当者　○○　○○（６学年主任）

４　その他　事前打ち合わせのため，○月○日（○）16時に担当の○○○○が貴施設を伺います。よろしくお願いいたします。

3　見学学習御礼

依頼事に対して，事後に御礼を述べるのは当然のことである。見学の際に御礼を述べるだけではなく，終了後にもタイミングを逃さず，きちんとした書面で御礼状を出すのがマナーである。

「見学したからこそ書くことができる文章」を考える

見学依頼書と同様に校内でも御礼状の基本ファイルが引き継がれている学校も多いと思います。「時間がないから……」ということで，毎年同じ文面では貴重な時間を割いてくださった相手に失礼です。

「見学したからこそ書くことができる文章」を今までの御礼状に加えるだけで，感謝の気持ちが具体的に伝わります。（礼状例・波線部分）

タイミングを逃さずに

「忙しくて御礼状になかなか着手できなくて……」ということにならないように，あらかじめ出す日にちを決めておきましょう。見学後数日間までに届くようにします。子どもたちの手紙や感想文を同封する場合でも一週間以内に発送しましょう。そのために，手紙や感想文は見学の翌日までに書くようにします。子どもたちにとっても早い方が書きやすいです。

子どもたちの御礼の手紙や感想文は事前のチェックを

子どもたちの手紙や感想文は，事前に目を通して，誤字・脱字をチェックするのはもちろんですが，内容面で不適切なものがないかどうか確認をしましょう。施設によっては，館内に掲示する場合もあります。子どもたちの保護者がその施設を訪れたときに，我が子の手紙を見る可能性があるということを意識しましょう。

●見学御礼状例

平成○○年○月○日

○○○○記念館
館長　○○　○○　様

○○市立○○小学校
校長　○○　○○　印

施設見学の御礼

○○の候，貴職におかれましては益々ご健勝のこととお慶び申し上げます。過日は本校６年生の総合的な学習の時間のために，見学の機会をいただき，誠に有難うございました。

実際の見学では，○○○○の業績について詳しく説明していただいただけではなく，多くの質問にも丁寧に答えてくださり，子どもたちにとっては学習を深めることになりました。また，実際の記念館の実物は，当時の教科書をはじめ子どもたちにとって興味深いものが多く，新たな追究課題を見つけた子どもたちもおりました。その点でも，今回の見学は私たちにとりまして有難いことでした。

改めて館長様はじめ，館員の皆様方の御親切に御礼申し上げます。今回の見学学習を契機として，今後さらに学習を深めて参りたいと思います。

なお，子どもたちの見学の感想文を同封いたしました。御高覧いただければ，幸いに存じます。

末筆ながら，貴館の皆様のご健康とご多幸をお祈りし，取り急ぎ御礼申し上げます。

4 ゲストティーチャー・学習協力依頼書

ゲストティーチャーや地域の方々に学習協力の依頼をする場合がある。そのときに，電話だけの依頼だと思わぬトラブルにつながるときがある。相手のためにも自分のためにも文書を発行したい。

ゲストティーチャーの依頼には来校時の配慮を

ゲストティーチャーとは事前に訪問や電話で打ち合わせを行います。その際，学習内容やお願いする時間，謝礼の有無等，基本的な内容についてお願いをします。

注意しなければいけないのが，来校時の配慮です。文書の「その他」の項目に，「来校者駐車場をご利用ください」「正面玄関を入って左側に受付がございます」といったように，来校に合わせた情報を記します。初めて学校を訪れるという場合には，地図も添付します。

地域の方々にも学習協力依頼書を作成する

地域の方々に子どもたちがグループごとにインタビューする場合があります。行き先がわかる場合には，あらかじめ依頼書を作成し，教師が事前に届けます。

ただし，学習のねらいによっては，事前に行き先を決めずに，子どもたちがまちを探検しながら，インタビュー活動を行うことも考えられます。その際，子どもたちがお店等で学習目的を話して許可を得るのはもちろんですが，同時に学校で発行している「学習協力依頼書」も持たせたいものです。

例にあるように，児童だけでは十分に伝えられない内容を書面に記すことで，協力が得られやすくなります。

●ゲストティーチャー依頼書例

平成○○年○月○日

○○　○○　様

○○市立○○小学校

校長　○○　○○　　印

ゲストティーチャーのお願いについて

○○の候，貴台におかれましては益々ご健勝のこととお慶び申し上げます。また，この度の生活科のゲストティーチャーのお願いについて，ご快諾いただき，感謝申し上げます。

つきましては，下記のとおり学習を実施いたします。よろしくお願い申し上げます。

記

(以下略　1．学習日時　2．対象学級　3．学習内容　4．連絡先　5．その他等)

●児童が手渡す学習協力依頼書の文例

児童の学習協力のお願いについて

時下，ますますご清祥のこととお慶び申し上げます。日頃より本校のためにご協力ならびにご支援いただき，感謝申し上げます。

さて，本校２年生では生活科の学習（「まちたんけんをしよう」）において，地域の方々から学ぶ学習を行っております。本日，この文書を持参して，児童が地域の方々にインタビュー活動をお願いする予定になっております。

つきましては，はなはだ勝手なお願いではございますが，児童の質問に答えていただけないでしょうか。なにとぞ，ご協力をお願いいたします。

なお，この件については，２学年主任の○○○○が担当しております。児童の事前指導は行っておりますが，失礼な点がありましたら，小学校宛までご連絡くだされば幸いです。(○○小学校電話　0000-00-0000)

どうぞよろしくお願いいたします。

5　物品借用願

他校や関係機関に教材や楽器，機器を借用することが必要な場合がある。そのようなときに物品の借用の申し出を行うための文書が「物品借用願」である。一定期間の借用となることが多いので，失礼のないように心がけたい。

必要事項を簡潔に

借用する物品，数量，目的，期間，返却日といった必要事項を簡潔に記します。また，破損の可能性があるような場合には，「なお，万一借用物品を破損等した場合は，使用者の責任において弁償します。」といった一文を書き添えておくようにします。

事前に管理職に相談してから

物品借用願は個人同士のやりとりではなく，学校同士あるいは学校と関係機関とのやりとりになります。学校によっては，あらかじめ管理職が事前に借用お願いの連絡をすることが慣例になっている場合もあります。借用する場合には，事前に管理職に相談をして，事前承諾のお願いを誰が行うのか確認をしましょう。

担当者同士だけで決めて，文書決裁で管理職が初めて知るということがないようにします。

返却時には御礼状を

借用物品を返却する際には，簡単でもいいので御礼状を付けます。借用したことにより目的を達成することができたことを記します。「きちんと借りて，きちんと返却した」という印象が残ります。

●物品借用願例

平成○○年○月○日

○○市立○○小学校
校長　○○　○○　様

○○市立○○小学校
校長　○○　○○　　印

楽器借用のお願い

下記の通り，貴校の物品の借用を申請いたします。よろしくお願い申し上げます。

記

１．借用物品　　アコーディオン
２．数　　量　　２台
３．借用目的　　学習発表会で使用するため
４．借用期間　　平成○○年○月○日（○）～○月○日（○）
５．返却日　　　平成○○年○月○日（○）

●御礼状（文面のみ）

楽器借用の御礼

仲秋の候，貴台にはますますご健勝のこととお慶び申し上げます。

さてこの度，本校の学習発表会に際し，貴校よりアコーディオン２台を借用いたしました。５年生の演奏発表で使わせていただき，よき学習発表会となりました。深く感謝申し上げます。

貴台のご健勝を祈念し，略儀ながら書面をもってお礼のご挨拶を申し上げます。

6　学年・学級 PTA 活動案内

学年・学級 PTA 活動の文書発行を担任が依頼される場合がある。教員も PTA の一員なので，その点での協力は惜しまないようにしよう。ただし，学校からの発行文書とは異なる部分に注意をしたい。

PTA の立場で書く

発行者名は PTA の長となります。学年 PTA 活動であれば，学年 PTA の長，学級 PTA 活動であれば，学級 PTA の長です。作成するのは教員でも，責任者は PTA 役員になりますから，役員の意向を確認しながら作成します。

たとえば，「本文に先週の学習発表会のことを入れたい」「親子レクをする意義を加えたい」ということであれば，その内容を入れるようにします。

必要情報に欠席の場合の連絡先を

PTA 活動はあくまでも任意の活動です。それぞれの家庭事情で，やむをえず欠席をしなければいけない場合もあります。そのための連絡先を記すようにします。

ただし，PTA 役員の電話番号を記すのは，個人情報を公にすることとなります。安易に掲載しないようにします。

作成後は学校 PTA 担当者にも文書を渡す

作成したら，責任者である PTA 役員の長に一度確認をとったうえで発行しましょう。また，校内の PTA の事務局長（多くの学校では副校長・教頭）にも文書を渡します。学校によっては，事前の決裁が必要な場合もあります。あらかじめ確認しておきます。

●学年・学級 PTA 活動案内例

平成○○年○月○日

5学年 PTA 会員　各位

○○小学校 PTA

5学年委員長　○○　○○

5学年 PTA 親子レクのお知らせ

○○の候，皆様にはますますご健勝のこととお慶び申し上げます。

先日の学習発表会では，子どもたちが生き生きと演技する劇を見ることができました。保護者の皆様にとっても感動的な内容だったのではないでしょうか。

さて，親子ならびに保護者同士の親睦を目的として，下記のような親子レクを企画しました。レクを通して，楽しいひとときを過ごすことができれば幸いです。

お忙しい中とは存じますが，ご参加くださいますようお願いいたします。

記

1．日　時　○月○日（日曜日）　午前○時○○分～○時○○分
（○時集合）
2．場　所　○○小学校体育館
3．内　容　・親子ダンス
・親子ドッジボール
4．持ち物　運動できる服装，運動靴，水筒
5．その他　・やむを得ず欠席される場合には，各学級の PTA 役員，または担任にご連絡をお願いします。

7　個人面談案内

個人面談の最終案内は各学級で行う場合には，日程だけを単に知らせるだけではなく，一工夫をしてみよう。「限られた時間を有効に使いたい」という姿勢を伝える時間にしたい。

調整後でも変更はありえる

どの学校でも事前に保護者の都合に合わせた調整をすると思います。しかし，その後でも変更の可能性はあります。しかし，いったん決定した後となると，調整が難しい場合があります。その際には「保護者同士での変更」を認めることも一つの方法です。

また，面談が予定より長引いたり，保護者が遅れてきたりして，予定通りに進まない場合があります。あらかじめ「調整時間」として，遅れた時間を取り戻す時間を確保しておくと，大幅な遅れを解消することができます。

保護者の声をあらかじめ聞く

面談前に教師の方で資料を準備するのは当然のことですが，保護者のニーズをあらかじめ知ることによって，資料も準備しやすくなります。例のように切り取り式のミニアンケートのような形であれば，保護者も気軽に書くことができます。

同一歩調で告知する

個人面談の案内で様々なアイデアがあっても，自分の学級のみ，独自で行うことは避けましょう。学年会で予め同一歩調で行うように働きかけをします。また，管理職や担当の先生方にも伝えておくようにします。

●個人面談案内例

個人面談時間のお知らせ

先日お願いいたしました個人面談の希望調査へのご協力，ありがとうございました。以下のように割り振りさせていただきました。15分という短い時間ですが，資料を準備して有意義な面談にしたいと思います。

よろしくお願いいたします。

時　間	○○日　水	○○日　木	○○日　金
13:30～13:45			
13:45～14:00			
14:00～14:15			
14:15～14:30			
14:30～14:45			
14:45～15:00			
15:00～15:15	調整時間		
15:15～15:30			
15:30～15:45			
15:45～16:00			
16:00～16:15			
16:15～16:30			
16:30～16:45			

○今後ご都合が悪くなった場合には，保護者同士で替えていただいて構いません。その際には，担任にご連絡をお願いいたします。

○また，交代をしてくださる方が見つからない場合には，担任までお知らせください。

---------------- 切り取り ----------------

★個人面談でお話したいことがありましたら，お知らせください。

【　　　　　　　　　　　　　　　　　　　　　　　　】

児童名＿＿＿＿＿＿＿＿＿＿＿＿

8 不在連絡

> 出張等で，数日間教室を空ける場合には，あらかじめ保護者への連絡が必要である。担任が不在ということ，その間の対応を早めに知らせておくことが，保護者を安心させることになる。

不在時の対応を簡潔に記す

不在連絡の文書の場合，保護者の心配は「担任がいない間，授業や子どもたちのお世話はどのようになるのだろうか」ということです。挨拶，不在の期間，不在理由等を書いた後は，不在時の対応を記すようにします。

・代わりに誰が授業をするのか
・我が子に関する連絡はどのようにしたらよいのか
・宿題はどのようになるのか

このような保護者の不安について，簡潔に記しましょう。箇条書きであれば，保護者にもポイントが伝わります。

不在時の成果を還元することを記す

教室を空けて出張に行くのは，あくまでも子どもたちのためです。出張後に，その研修の学びを子どもたちのために還元することを書きましょう。出張に対する保護者の理解も深まります。

長期の場合には，学級通信ではなく，別途文書でお知らせする

２～３日間の不在の場合には，学級通信等に記すことで構いませんが，長期にわたる出張や入院等による休暇の場合には，保護者宛の文書を別途発行します。学校の方針で校長名で管理職が発行する場合もありますので，どのような形で発行したらよいか，管理職に相談をしましょう。

●学級通信による出張の不在連絡例

★来週11日（火）～13日（木）まで出張です

来週の11日（火）～13日（木）まで，県の教育センターに出張いたします。国語の指導法について研修を受けることとなりました。３日間，教室を空けますが，どうぞよろしくお願いいたします。

なお，この３日間は次のようにいたします。

・学年の少人数担当の○○教諭が，主として授業を受け持ちます。時間割通りとなります。
・お子さんに関わって連絡がある場合には，いつもと同様に連絡帳にご記入ください。○○教諭が確認をします。
・宿題や学習に関する持ち物については，出張前日の10日（月）に３日間分，連絡をします（連絡帳に記入）。お子さんに確認をお願いいたします。
・12日，13日の集金日も，集金額（1000円）を集金袋に入れて，予定通り持たせてください。

子どもたちの学習活動には支障のないようにいたしますので，どうぞご安心ください。

今回受講する研修は，県内各地区から数名ずつ参加するものです。国語の物語の指導方法について講義を受けたり，実際の指導プランを立てたりします。終了後は，学んだ成果を，学級の子どもたちのために生かしたいと思います。

どうぞよろしくお願いいたします。

9　出張復命書・出張報告書

出張復命書は，命じられた出張の内容について，上司に報告するために作成する文書である。所定の様式に基づいて記すだけにとどまらず，出張の成果を反映させる文書にしていきたい。

出張内容の要点を様式に基づいて記す

復命書の様式は各公共団体で決められています。「旅行年月日」「目的地及び用務先」「用務」といった基本事項とともに，研修会の内容を記す部分があるのが一般的です。研修会の内容は，要点を簡潔にまとめて記入します。

あらかじめ復命書に記すことも想定して，研修会では要点を記録しておくようにしましょう。

「本校に生かせることは何か」という視点で記す

復命書に，研修会の要点だけではなく，感想や提案も書き添えるようにしましょう。「本校に生かせることは何か」という視点で記すと，学校運営の改善につながります。それは，復命書の作成が事務的なことではなく，学校運営に関わる重要な業務であることを表します。

公開研究会参加の場合には，報告書を作成する

他校の学校公開研究会に参加した場合には，報告書を作成します。読み手のことを考えて，参観授業や講演の内容を箇条書きにまとめること自体が，自分自身の研修の振り返りになります。

また，報告書には，資料も添付します。その際，報告書に記載した関係部分に付箋を付けておくことで，読み手も効率的に資料を読むことができます。

●出張復命書例

出張復命書

旅行年月日　　　　　平成○○年○月○日（月）

目的地及び用務先　　○○市役所第３会議室

用務　　　　　　　　○○市研究主任研修会に参加

上記命令のとおり出張いたしましたので，以下のとおり復命します。

（資料添付）

記

1　各種調査や実態から，自校の研究課題を考えること

2　研究授業を実践するだけではなく，手立てをもとに検証し，成果と反省を次に生かすようにすること

3　研究主任として教職員一人一人の研究力を発揮できる場をコーディネートすること

○「本校の研究に生かせること」

・本校では，学力調査結果についての情報交換はしているが，分析が十分とは言い難い。研究推進部で分析し，学力が低い部分への対応策を考えていきたい。

・本校の教職員にも算数や体育，特別活動のスペシャリストがいるので，そのよさを生かしたミニ研修会を開催することが可能ではないだろうか。研究会の最後の15分を使うことを考えたい。

10 事故報告書

事故報告書は，授業中や休み時間に子どもがけがをした場合や，登下校時に交通事故に遭ったとき等に書くものである。記録をとっていないと，正確な記述ができないという点で注意を要する報告書である。

記録を残しておかなければ書くことができない報告書

事故報告書は担任が書き慣れない文書の一つです。定期的に書く文書ではありません。突発的に起きた出来事への対応に追われ，あとになって記そうとしても記憶が曖昧では，正確な報告書は作成できません。

事故発生時の状況，その対応や経過について，時刻を含め可能な限り記録をとるようにします。時間があいたときにノートにこまめに書いておくことが大事です。ノートがない場合には，メモ用紙等を使いますが，紛失を避けるために早めにノートに貼りつけるようにします。

客観的な事実を正確に記述する

担任が書かなければいけないのは，事故報告書の中の「事故の概要」や「事故の経過」の部分です。「事故の概要」に病症名を記す場合には，正確な医療用語を用います。また，「事故の経過」では，客観的な事実を時系列に記します。「すぐに対応すべきだったが」といった自己反省や，「骨折している可能性があると考え」といった憶測は慎みます。

すぐに作成する

事故の対処が一段落したところで，事故報告書の作成に取りかかります。早く仕上げるのに越したことはありません。取り組みのスピードは，担任の危機管理の意識と比例します。

●事故報告書（「事故の概要」と「事故の経過」）

事故の概要	体育のバスケットボールの学習中に，空中にあるボールを取ろうとして，バランスを崩し，右手の手のひらをついて転んだ。その際に骨折した。 病名：右手関節橈骨遠位端骨折
事故の経過	10:55 ５年２組の体育のバスケットボールで，グループ対抗のゲームをしていた。相手チームがシュートしたボールが，ボードに当たって戻ってきたところを取ろうとしたところ，着地の際にバランスを崩して，右手の手のひらをついて転んだ。痛みを訴えたので，すぐに保健室に歩いて担任が連れていった。 11:04 養護教諭が痛む部位を固定する応急手当を行うが，骨折の可能性があり，担任が教頭に報告する。 11:07 教頭が校長に報告し，病院に受診することを判断する。 11:08 担任が保護者（母親）に電話連絡をする。事故の状況を説明し，教頭と担任が○○病院に教頭の自動車で移送する。養護教諭が病院に事前連絡をする。 11:25 病院に到着し，受診をする。 11:35 保護者（母親）が到着する。担任が事故の状況を説明する。 教頭はお見舞いを述べる。 病名は右手関節橈骨遠位端骨折。 12:22 治療と会計が終了し，児童は保護者の自動車で学校に戻る。教頭と担任も帰校し，校長に報告する。 12:35 児童は保護者と共に早退。自宅で安静にする。

COLUMN

公文書はシンプルが一番

担任時代は公文書を書く機会が限られていた。「公務員がその職務上作成した文書」という公文書の定義に基づけば，担任が発行する学級通信も公文書であるが，自分の書きやすいスタイルで発行をしていた。しかし，それ以外であれば，校務分掌や校外学習に関わるものを月に数回作成すれば多い方であった。

それが管理職になると一変した。教頭職となると，校長名で発行する多くの文書を発行する。新任者の挨拶文，入学式の来賓への御礼文書，授業参観の案内，教育委員会宛の報告書等々，毎日のように作成することとなった。

公文書作成の経験が少なかった自分でも，前年度までのファイルもあるので，同じ様式のものは一部分を変えるだけで何とかなった。

しかし，新たな文書を作成するとなると別である。4月にインフルエンザ対策の文書を急遽発行することとなった。他の公文書を参考にしながら，苦労して作成し，上司である校長の決裁を仰いだ。

10分ほどして，校長室から校長が出てきて，私に話した。「もっと簡単にならないかな。公文書はシンプルが一番」と。朱書きされた元文書を見ると，何か所も二重線で削られていた。「余計なものは一切なし」という感じだった。

自分なりに工夫したつもりだったので，「ここまで削るのか！」と半分悔しい気持ちになった。しかし，読んでみると確かにわかりやすい。内容がスーッと入ってくる。改めてそれまで学校に送られてきた公文書を読んでみると，確かにシンプルだった。シンプルという視点をもつことで，今までとは違って見えたのである。

今も公文書作成では，この「シンプルが一番」がキーワードになっている。

第１章　わかりやすい文章を書く10のポイント
第２章　連絡帳・手紙で保護者との関係をつくる
第３章　よくある連絡文・通信にはこう書く
第４章　実務文書は正確・簡潔に

第５章

一社会人としての文章マナー

1　転勤挨拶状は早めに

> 転勤挨拶状は，それまでお世話になった方々への大切な私信。
> 義務ではないものの，一社会人として人間関係を大切にする姿勢がそこに垣間見られる。

今までの縁を大切にする転勤挨拶状

転勤挨拶状は何のために書くのでしょうか。それは，今までお世話になった方々へ，お礼と新任地での抱負を伝えるためです。転勤を見送った方からすれば，「転勤した○○小学校でもがんばっているな」と安心するものです。

人と人の縁が一枚の葉書によってわかるのです。

一定の形式に基づくがこだわりすぎない

挨拶状には次のように一定の形式があります。

・季節に合った時候の挨拶を入れる
・「私こと」のように自分のことを書く場合には，へりくだって行末に書く

しかし，一定の形式は絶対というものではありません。たとえば，「挨拶状には基本的には句読点をつけない」とされていますが，「読みやすさを考えて句読点をあえてつける」ことも間違いではありません。

「早め」＋「さりげない一工夫」を

転勤当初は忙しいもの。発送時期を逸しないようにすることが大切です。

４月に転勤したのであれば，可能なら４月中に，遅くても５月中旬までには発送しましょう。

また，転勤先の情報や校舎の写真を組み入れたりする一工夫をすれば，相手にとって印象に残る挨拶状となります。

●転勤挨拶状例（句読点がないものの例）

拝啓　新緑の候①皆様にはますますご清祥のこととお慶び申し上げます

さて、私こと②

このたび○○市立○○小学校勤務を命ぜられ　過日着任しました

○○小学校在任中は　公私にわたり皆様方から温かいご指導とご支援を賜り　心から感謝申し上げます　素直な子どもたち　温かい同僚　学校を愛する地域の皆様から学び続けた五年間でした③

新任地は豊かな自然の中にある学校です　今まで学んだことを生かして精一杯努力してまいります④

今後とも一層のご指導とご鞭撻を賜りますようお願い申し上げます⑤

末筆ながら　皆様のご健康とご多幸をお祈り申し上げ⑥お礼と着任のご挨拶といたします

敬具

平成○○年○月

○○市立○○小学校

教　諭⑦　○　○　○　○

自宅住所

電話

①頭語・結語・時候の挨拶を入れる　②「私こと」は行末に

③前任校での印象的なことを記す　④新任校での情報と抱負を入れる

⑤今後も縁が続くことのお願い　⑥相手のことを思う表現

⑦所属だけではなく役職も記すと親切（特に変わった場合）

2 退職・転勤の挨拶状をいただいたら

挨拶状に対して「いただきっぱなしで返信をしない」という人は，意外と多いもの。それは，会ったときに相手に挨拶をされたのに，何も反応しないのと同じことである。

挨拶状にはぜひ返信を

退職や転勤の挨拶状をいただいても，返信する人は少ないのが実情です。逆に言えば，そのような中だからこそ，返信によって相手への心遣いが伝わりやすいと言えます。

退職・転勤挨拶状の返信には「お祝い」と「今後の活躍」を

退職・転勤の挨拶状の返信には，いただいたことへの感謝の気持ちの他に，次の３つを入れましょう。

・ご退職，ご転勤されたことのお祝い

・これまでお世話になったことへの感謝

・新天地での今後のご活躍についてのメッセージ

喪中挨拶状の返信はタイミングを考えて

11月下旬から12月にかけて年賀欠礼の喪中挨拶状が届きます。喪中の挨拶状については，返信をしなくても失礼には当たりません。それでも，お悔やみの言葉を伝えたいというのであれば返信をしましょう。

返信には，「年内中にお悔やみとお慰めの返信（手紙でも葉書でも可）を出す」，「寒中見舞いとして松が明けた１月７日以降に返信する」の２つが考えられます。他にもお祝いの言葉を入れない年始状もあります。

●退職挨拶状への返信例

拝復　このたびはご丁重なる挨拶状を頂戴しまして、まことに恐縮に存じます。御定年をお迎えになられたことをお祝い申し上げます。

　私が今こうしてあるのも先生のご指導の賜物と感謝しております。これまでのご努力とご苦労に対しまして改めて敬意と感謝の意を表します。

　今後はこれまでにも増して健康にご留意いただき、第二の人生を過ごされる事を心よりお祈りいたしております。

敬具

●転勤挨拶状への返信例

○○○○様

　このたびは、異動のご挨拶をいただきましてありがとうございます。心から御栄転をお祝いいたします。

　○○小学校で、先生とともに取り組んだ社会科の研究は、今も私の財産になっております。どうぞ、今までと同様に御指導賜りますようお願い申し上げます。

　新任地でもご多忙のことと存じますが、いっそうのご自愛とご活躍をお祈り申し上げます。

●喪中挨拶状への返信例（年内に出す場合）

喪中お見舞い申し上げます。

　御尊父様御他界とうかがい、お悔やみを申し上げますとともに、ご冥福を心よりお祈り申し上げます。さぞお寂しい思いにて、ご越年のこととお察し申し上げます。

　服喪中と存じ、年頭のご挨拶を控えさせていただきます。寒さ厳しき折、ご自愛くださいますようお祈り申し上げます。

3 子どもたちから年賀状・暑中見舞状がきたら

デジタル社会といえども，年賀状や暑中見舞状を書く子は必ずいるものだ。

そのような子どもたちに対して，どのように返事をするか。その姿勢で子どもたちは喜びも，がっかりもする。

「すぐに」返信を

子どもたちは返信を期待して，年賀状や暑中見舞状を書くものです。中には毎日家のポストをのぞき込む子もいます。そのような子たちの期待に沿うためにも「すぐに」返事を書いて，投函しましょう。数日間の不在で発送が遅くなった場合には，お詫びの言葉も添えます。

休み明けに期待をもつ内容を

子どもたち対象の返信です。「わかりやすく」「休み明けもがんばろう」という気持ちになる内容を書きましょう。印刷の年賀状を発送するのであれば，直筆で添え書きをします。

また，子どもたちの年賀状や暑中見舞状に「がんばっていること」「体験したこと」が書いてあれば，そのこともぜひ話題にしましょう。

はがきを準備する

すぐに出したいと思っていても，葉書がないと出すことができません。

暑中見舞状の返信に絵はがきで出したいけど手元になく，ついつい発送が遅れた……という経験がある人もいることでしょう。あらかじめ多めに準備をしておきましょう。

●年賀状への返信例

あけまして
　おめでとうございます
今年も元気いっぱいに、べん強もうんどうもがんばりましょう。
先生もがんばります。
りょ行の話、聞かせてくださいね！

○年賀状は、松の内（一般的には1月7日まで）に届けば失礼にはあたりません。
○寒中見舞いは、松が明けてから立春（2月4日ごろ）の前までに届けます。

●暑中見舞状の返信（残暑見舞状）例

残暑お見舞い申し上げます。
お便り、ありがとう。先生は実家に帰っていたので返事が遅れました。
ごめんなさい。
〇〇さんが、すてきな夏休みを過ごしていることが伝わってきました。
始業式の日に、元気な姿で会いましょう。

○暑中見舞状の送り始める時期は、いくつかの説があります。
・小暑（7月7日ごろ）から
・夏の土用の時期（7月20日ごろ）から
・梅雨が明けてから
○残暑見舞状は、立秋（8月7日ごろ）を過ぎる時期から8月末ごろまでが送る目安となります。

4 お祝いごとに対して

> 進学，就職といった教え子からのお祝いごとの連絡は嬉しいものである。進んで祝福と励ましのお便りを出そう。今までの担任の先生方の中で，わざわざ自分を選んで連絡をくれたのだから。

タイミングを逃さずに

お祝いごとの連絡を受けたら，すぐに祝意を表すことが大切です。タイミングを逃して，書いたとしてもお祝いが遅れてしまっては先方の喜びも半減してしまいます。

担任だからこそ書くことができるものを

本人宛のお便りの場合，担任だったからこそ書くことができる内容があります。

・学生時代のその子の思い出
・新天地でも活躍を期待する励まし

これらは，子ども時代のことやその子のよさを知っているからこそ，伝えることができます。なお，お祝いごとですから担任していた頃のエピソードはよい思い出のみにします。

保護者宛の場合には，家族に関わる部分を加える

保護者から，我が子の進学や就職の連絡をいただく場合があります。その場合には，子どもへのお祝いはもちろん，ご家族へのねぎらいの言葉も加えましょう。その子のことも，保護者のことも知っているのも担任としての強みです。

●本人宛の祝い状例

○○さん、このたびはご卒業、おめでとうございます。

四月からは○○大学にご入学とのこと、ご家族の皆様も、さぞお喜びのことでしょう。

小学校で私が担任していたころは、たいへん活発で授業でもよく発表をしていましたね。また、福祉委員会で委員長になって、話し合いをまとめていたあなたのことです。きっと大学に入っても、充実した学生生活を送ることと思います。どうぞ頑張って勉学に励んでください。

ご家族の皆様にも、何卒よろしくお伝えください。また、くれぐれも健康にご留意なさってください。

おめでとうございました。

●保護者宛の祝い状例

拝啓　春爛漫の快適な季節を迎え、皆様におかれましては益々ご清祥のこととお慶び申し上げます。

さて、先日は、○○さんのご就職のお便りをありがとうございました。大学生活を終え、社会人としての一歩を踏み出したこと、誠におめでとうございます。

第一希望の職種に就くことができましたのは、○○さんの日頃の努力が実ったものと感じております。小学校時代と同様に、ご家族の皆様の励ましが○○さんにとって大きな支えになったことでしょう。

今後は、大学生活の中で学んできたことを生かし、実社会で大いにご活躍されますことを心よりお祈りいたしております。

皆様のご健康とご多幸を心よりお祈り申し上げます。

敬具

5 お悔やみごとに対して

訃報を聞いたら，一般的には弔問をして直接お悔やみの言葉を述べるのがマナー。しかし，やむを得ない事情で弔問できないときには，できるだけ早くお悔やみの手紙で弔意を表そう。

弔問に代わるもの

お悔やみの手紙は，勤務の都合や遠方のためといった事情で通夜や告別式に参列できないときに，弔問の代わりに送るものです。また，訃報を後になって知る場合にも，お悔やみの手紙で弔意を表すようにしましょう。

お悔やみの手紙のマナー

・拝啓といった頭語や時候の挨拶などの前文は書きません。最初からお悔やみの言葉を記します
・遺族をいたわる内容とする
・白い便箋に黒色のペンで書く
・忌み言葉，重ね言葉（例：ただただ，くれぐれも）を使わないようにする。また，封筒も二重封筒ではないものを使う（弔事が重ならないように）
・保護者が訃報を連絡帳に書いている場合には，連絡帳に長々とお悔やみの内容を記すことは避けます。連絡帳には簡単な返事にとどめ，お悔やみの手紙を改めて記すようにします

香典を送る場合

香典を送る場合には，不祝儀袋に入れてお悔やみの手紙と共に現金書留専用の封筒に入れて送ります。弔問するときと同じように薄墨の筆で表書きをします。

●友人宛のお悔やみの手紙例

このたびはお母様のご逝去の訃報に接し、大変驚いております。

以前お目にかかったお母様の笑顔が思い出されます。まだまだお元気でいらっしゃると思っておりましたのに、ご家族の皆様のご心痛はいかばかりかと存じます。

本来であれば直接駆けつけてお悔やみを申し上げたいところですが、遠方のためそれも叶わず、まことに申し訳ございません。

心ばかりのご香料を同封いたしました。どうかご霊前にお供えいただきたく存じます。

お力落としのことと存じますが、どうぞ気持ちを強く持ってご自愛ください。

ご冥福を心よりお祈り申し上げます。

●保護者宛のお悔やみの手紙例（担任児童の祖父が亡くなった場合）

このたびはご尊父様ご永眠の訃報に接し、心からお悔やみ申し上げます。○○子さん（担任している児童）のお気持ちを思うと胸が痛みます。

心よりお悔やみを申し上げますと共に、私も故人のご冥福をお祈りしたいと存じます。

ご家族様には、さぞお力落としのことと存じます。どうぞ、お身体を大切に、一日も早くお心が癒されますようお祈り申し上げます。

略儀ながら、書中をもちましてお悔やみ申し上げます。

6 出欠席の返信に常識が表れる

案内状や招待状等の出欠の返信には，その人の常識が表れるものである。基本的なマナーに基づいて返信しよう。また，相手が待っていることを考えたら，早めの返信を心がけたい。

「行」「宛」を二重線で消し，「様」や「御中」を書き加える

返信用の葉書の相手先の下には，「行」「宛」等が書かれています。これらは二重線で消して，個人であれば「様」，団体であれば「御中」と書き改めます。なお，「行」「宛」を修正液で消したり，×印をつけたりすることのないようにします。

相手先が「名前だけ」「団体名」だけの場合があります。その時には下に「様」「御中」と記します。

意外と忘れがちな「御住所」「御芳名」

案内状等で「御出席」「御欠席」については誰しも注意して「御」や不要な部分を消しますが，意外と忘れがちなのが，「御住所」や「御芳名」の部分です。特に「御芳名」の場合には，「御芳」を消します。「御」だけ消したり，「御芳名」の全てを消したりすることがないようにしましょう。

添書きに人柄が表れる

出欠に関わって添書きがあると受け取る側の印象は変わってきます。簡単で構いません。一言お祝いの添書きをしましょう。

欠席の場合には理由等を書き添えます。ただし，法事の場合には，「ご招待，ありがとうございます。残念ではございますが，やむをえない事情により欠席させていただきます。」と理由を明示しない書き方もあります。

●二重線で消して「様」「御中」を書く

○○小学校内
○○教育研究会　行
御中

佐藤　太郎　行　様

※二重線は横書きは横線で，縦書きは縦線で消すのが一般的だが，斜めで消しても構わない。（特に漢字一文字の場合）

●結婚披露宴の返信例

喜んで
御出席　させていただきます。
ご結婚、おめでとうございます。
御欠席
御住所　○○県○○市
御芳名　○　○　○　○

7　絵葉書を有効に使おう

すてきな絵が描かれた絵葉書にメッセージ。送った方の人柄が伝わってくる……そのような経験はないだろうか。「特別の発信」の場合には，そのような絵葉書のよさをぜひ使ってみたい。

子どもに誕生日カードを送る

子どもたちの誕生日に，絵葉書にメッセージを書いて手渡しをしてみましょう。その子に対するお祝いのメッセージだけではなく，日頃がんばっていることや学校でのよさを書くことで，家族にも担任のメッセージが伝わります。また，夏休み・冬休み・春休みといった休業中に誕生日を迎える子たちもいます。そういう子たちに誕生日に合わせて郵送すれば，その日に自宅に絵葉書が届きます。本人にとっては，「サプライズ」になります。

赴任先の写真を転勤挨拶状に

転勤挨拶状に新しく赴任した学校に関する写真を入れてみましょう。裏面の一部に入れるだけで，「ああ，この学校でがんばっているんだ」と赴任先の雰囲気が伝わるものです。

ダウンロードでオリジナルを

「なかなか気に入った絵葉書がない」「書きたいときに絵葉書がなくて，チャンスを逃してしまう」という場合には，自分でオリジナル絵葉書を作ってみましょう。インクジェットの通常はがきや，はがき専用のプリンター用紙を購入し，インターネットでデザインをダウンロードして印刷をします。先のように誕生日カードを送るという場合には，子どもたち個々人の写真を入れることもできます。

●子どもへの誕生日カード（二年生）

花子さん、おたん生日、おめでとう！
友だちにやさしく、いつもえがお
の花子さん。この間も、そうじの時
にこまっていた友だちにかたづけの
しかたを教えていましたね。
今はなわとびの二じゅうとびをがんばって
いますね。もうすぐできるようになりますよ。
がんばれ！

先生より

●転勤挨拶状に赴任先の写真を入れる

拝啓　新緑の候、皆様にはますますご清祥のこととお慶び申し上げます。

さて、私こと

このたび軽米町立笹渡小学校勤務を命ぜられ、過日着任しました。

水沢小学校在任中は、公私にわたり皆様方から温かいご指導とご支援を賜り、心から感謝申し上げます。積極的に実践に取り組む教師集団の中で自分を鍛えられた幸せな六年間でした。

新任地は全校児童三十一名のへき地一級の小学校です。自然豊かで地域とのつながりが強い学区です。精一杯努力してまいりますので、今後とも一層のご指導とご鞭撻を賜りますようお願い申し上げます。

末筆ながら、皆様のご健康とご多幸をお祈り申し上げ、お礼と着任のご挨拶といたします。

敬具

平成〇〇年四月

〒０２３―００３６
奥州市水沢区〇〇〇

佐藤正寿

校舎と学校裏の牧場

8　短時間で活用！一筆箋

普通の便箋よりも小さめの一筆箋。ちょっとしたメッセージを送るのに便利である。書く分量が少ないので，忙しい中でもすぐに書くことができる。保護者に対しても連絡帳とは違った活用ができる。

使い方あれこれ

ちょっとしたメッセージは，少し大きめの付箋やメモ帳でも可能です。それが，一筆箋に記すと相手にとっては，より丁寧で心がこもったものと感じられます。次のような使い方があります。

・保護者に連絡帳以外で御礼の言葉を伝えたいとき
・お世話になる方への印刷物・原稿等を送付するとき
・借りていた教育書を返すとき
・贈り物を送るとき

余白をとるように書く

もともと限られたスペースに書くのが一筆箋です。あれこれ詰め込まず，余白を広くとって，簡潔に書きましょう。すぐに改行をすることで，余白も生まれます。2枚目に記すことも失礼ではありませんが，それ以上になるのなら，通常の便箋に記すのと同じになり，一筆箋のよさが伝わりません。

次のような使い方は避けたい

便利といっても，お詫びの連絡に使うのは避けましょう。また，3枚も4枚も重ねて書くのであれば，通常の便箋に記すのと同じになり，一筆箋のよさが伝わりません。目上の人に対する儀礼的な手紙にも向きません。便利な分，活用場面を自分で決めて，その中で使うようにします。

相手の名前を記す →

余白が生まれるように →

○○先生

お仕事、おつかれさまです。

お借りしていた本をお返しいたします。

本当に学ぶところが多く、改めて自分の授業をチェックしようと思いました。

すてきな本をありがとうございました！

○○　○○

← 本文は3～5行ぐらいで

○○　様

お世話になっております。

このたびは、すてきなお花をありがとうございました。教室が美しくなります。

子どもたちと共に大切に育てます。

心より、お礼申し上げます。

○○　○○

○○　○○　様

お変わりありませんでしょうか。

このたび、学級経営の実践についてまとめる機会をいただきました。

御高覧いただければ幸いです。

今後ともご指導、よろしくお願いいたします。

○○　○○

9 FAXの作法

家庭ではあまり使われなくなったが，受け取った側がすぐに見ることができるファックスは学校現場では今も重宝されている。受け取った側が困らないようなファックス送信を心がけたい。

ファックス送信状をつける

文書をファックスで送信するときには，送信相手や用件，枚数などを書いた書面を一枚添えて，送信するのがマナーです。「送り先」「送り主」「件名」「送信日」「送信枚数」があることで，相手に必要な情報がすぐに伝わります。

特に送信枚数が記載されていると，枚数が足りない場合には送り主に連絡することができます。学校に様式用紙がある場合は，それを活用しましょう。

書き出しは簡単で構わない

ファックスは用件を早く伝えるのが目的です。手紙文のように書き出しを丁寧に書く必要はありません。「いつもお世話になっております。」「取り急ぎ，ご連絡いたします。」といった簡単な書き出しで構いません。

マナーあれこれ

その他にもファックスだからこそのマナーがいくつかあります。

・何枚も送るときは順番がわかるようにページ番号を入れます

・送信先では誰が受け取るのかわかりません。他の人に見られて困るようなものは送信しないようにします

・間違えて電話番号にファックスする例があります。自動リダイヤルの場合には，相手に何度も間違い電話がかかることになります

・大量の文書の送信の場合には，事前に電話で連絡をします

●ファックス送信状例

○○市立○○小学校

教諭　○○　○○　様

「ご担当者様」という場合も可。

○○市立○○小学校

教諭　○○　○○

送信者をわかりやすいように明記。

住所：○○○○

TEL　　　　FAX

機器トラブルで全部届かないことも考えられるので，送信枚数は記載する。

FAX 送信状

送信日：平成　年　月　日

送信枚数（この用紙を含む）：　　枚

用件名　　○○○について

いつもお世話になっております。

さて，・・・・・

書き出し文は手紙とは違い，簡単で構わない。

●ファックスをそのまま返信用として使う場合

・自分の「様」は二重線で消し，相手の名前に「様」をつける

・上部に「返信」と大きく記し，返信であることをわかるようにする

○○市立○○小学校

教諭　○○　○○　~~様~~

返信

○○市立○○小学校

教諭　○○　○○　様

住所：○○○○

TEL　　　　FAX

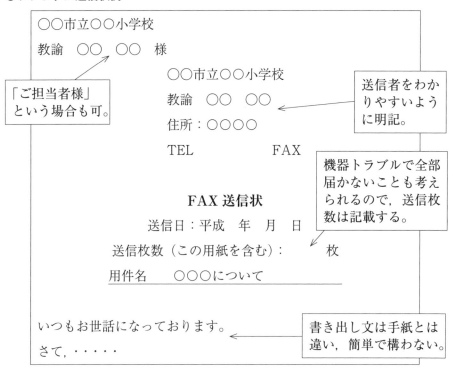

10 ビジネスメールの作法 その1

「すぐに送信できる」「都合のよいときに相手が読むことができる」「データを添付できる」等，メールは便利である。ただ，その作法について学ぶ機会は少ない。自己流の作法は指摘されなければ気づかないものである。

メールを使うときの判断基準を決めておく

「便利だから」という理由で，すぐにメールを使うのは考えものです。「すぐに連絡をとりたい」「お詫びをしたい」というときには，電話や面会の方がよい場合があります。どのような場合にメールを使うか，基準を決めておきましょう。重要な場合には，メールと電話を併用します。

件名の書き方は重要

件名だけで相手が「ああ，あのこと」というように，おおよその内容がわかることが理想です。【返信お願い】というように注意を促す工夫も効果的です。また，返信する場合にも「Re:」に一言加えることで，相手は件名を見ただけで返信の内容がわかります。

本文の基本

わかりやすく，必要な要件を伝えることが大切です。次の点に留意します。

・相手の所属名・職名（担当）・氏名から始める

・書き出しでの時候の挨拶は不要。簡単な挨拶で。結びも同様

・読みやすくするために数行書いたら，一行あける

・用件の部分は箇条書きにして見やすくする

・最後に署名をつける

●件名の書き方

【返信お願い】７月８日（火）の授業研究会の出欠連絡をお願いします

PTA 文化部会の開催時刻の変更について（事務局・佐藤正寿）

Re：研究会案内：**参加します。よろしくお願いします（佐藤正寿）** ↑（返信でも一言追加でわかりやすくなる）

●本文例

○○市立○○小学校
研修担当　○○　○○　様

いつもお世話になっております。
山川小学校の佐藤太郎です。
10月25日の授業づくり研修会のご案内，ありがとうございました。
本校では以下の通りの参加となります。
事務手続きのほどよろしくお願い申し上げます。

・参加者：○○　○○
・希望分科会：算数

なお，当日は本校での児童会行事があるため，到着が13時頃になる予定です。よろしくお願いいたします。

○○市立山川小学校
教諭　佐藤　太郎（さとう　たろう）
〒○○○－○○○○　　○○市△△△△10-2
TEL：0123-45-6789　FAX：0123-45-6788

----

11 ビジネスメールの作法 その2

メールは，気軽に使うことができる点がよさである。ただ，気軽だからこそ丁寧に作業を進めることが必要である。

早めの返信を心がける

返信が必要な場合，早いに越したことはありません。そのために，メールチェックは定期的に行いましょう。文書作成等，時間がかかる返信でも，メールを受信した旨の返信を行います。相手にとっては「メールを読んだのだろうか」という心配がなくなるだけではなく，こちらの誠意も伝わります。

返信前に本文と送信先を見直す

急いでいる場合には，本文を読み直さずにすぐに送信ボタンを押してしまいがちです。しかし，送信後に間違いに気づいてもメールではやり直しができません。急いでいる場合でも，本文は必ず読み直しをしましょう。また，送信先も確かめます。送信先を間違えたり，個人宛の返信を多くの人に送ったりすることがないようにします。

メール作法，ここに注意

・添付ファイルを送る場合には容量を確かめる。画像の場合には特に注意をする。容量が大きな場合には，軽くしてから送付する。

・顔文字や（笑）（泣）といった記号は，「仕事のメールにはふさわしくない」と感じる人もいるので，使わないようにする。

・「締切厳守」「至急要返信」といった表現は，高圧的という印象を受ける場合がある。「恐縮しますが」といった一言を用件の前にはさむようにする。

・「相手を思う一言」を添えると発信者の温かさも伝わる。

●メールを受信した旨の返信

メールをありがとうございます。

校内で検討して，期日までに回答いたします。

取り急ぎご連絡申し上げます。

ご連絡，ありがとうございます。

ご依頼の件，承知しました。

文書内容について吟味をしたいと思いますので，少々お時間をいただけますでしょうか。

よろしくお願いいたします。

●お願いの要件の前に一言をはさむ例

大変恐縮ですが，編集の都合上，３月10日の締切を厳守していただくようお願い申し上げます。

確実に参加人数を把握したいので，お忙しい中，お手数ですが，全員返信を期日まで至急お願いいたします。

●相手を思う一言

依頼された件について回答いたします。

どうぞよろしくお願いいたします。

※先日の研究大会の事務局，お疲れ様でした，長期間の取り組みの成果が表れた提案授業から，多くのことを学ばせていただきました。ありがとうございました。

COLUMN

転勤挨拶状に返信する

4月から5月にかけて転勤者からの挨拶状が来る。一人一人の文面自体は定型的なもので似ているが，添え書きがやはり嬉しい。「6年担任になりました」「自然豊かな学校です」「明るい職員室です」等々，少しではあるが近況がわかる。「ああ，あの先生，がんばっているなあ」と思う。

さて，20代の頃は，転勤挨拶状への返信は，限られた人に対してだけだった。その頃の筆不精が原因であるが，周囲が「返信はあまりしない」といった慣例になっていたのも原因である。事実，自分自身が初の転勤のときに挨拶状を出してもそれほど返信はもらわなかったので，いつの間にか「挨拶状は一方的なもの。返信する必要なし」と思うようになっていた。

その考えが変わったのは，2度目の転勤である。それまでに勤務地から130km 離れた地に赴任することとなった。諸先輩から「どんな場所にも子どもたちはいます。海辺の子どもたちのために仕事に励んでください」「成長して戻ってくるのを待っています」といった励ましをいただいた。自宅を離れ，誰も知らない地へ行った自分にとって，その励ましが大変心に沁みた。

また，同じ頃，研修会に出たときに講師の先生方に感想葉書をよく送っていた。その返信に関しては有田和正先生の行いから学ぶことが大きかった。感想ハガキを出した数日後には返信が届いていた。超多忙の中でも，多くのハガキに即返信されていたのであろう。これには驚いた。

このような経験を経て，「転勤挨拶状には早く返信を出そう」と実践している。今はメールや SNS に比べて，ハガキの返信は時間がかかる。でも，その時間を「その人のことを考える時間」と思えば，転勤挨拶状の返信は有難い時間である。

●資料　学校で使う季節のあいさつ一覧

【4月】

・春の陽気とともに，新しい学級での１年が始まりました。

・新学期が始まり，満開の桜の下で遊ぶ子どもたちも楽しそうです。

【5月】

・入学式（新学期）から早１ヶ月，子ども達も新しい生活に慣れ，楽しく毎日を過ごしています。

・運動会が近づき，張り切って練習する子どもたちの声が，毎日校庭に響いています。

【6月】

・先日，プール開きを終え，子どもたちの声が水しぶきとともにプールから聞こえてきます。

・雨の多い季節になりましたが，時折見せる晴れ間に，子どもたちは校庭で元気に遊んでいます。

【7月】

・暑さも日々増し，汗をかきながら学習をする子どもたちの姿に夏の訪れを感じます。

・七夕飾りの願いごとに，子どもたちの思いがあふれています。

【8月】

・真夏の暑さに負けることなく，夏休みを楽しんでいることと思います。

・楽しい夏休みも半ばとなりましたが，いかがお過ごしでしょうか。

【9月】

・長かった夏休みも終わり，子どもたちも日焼けをした顔で元気に登校しました。

・静かだった学校に，子どもたちの楽しそうな声が戻ってきました。

【10月】

・「読書の秋」「スポーツの秋」「食欲の秋」と言われるように，子どもたちにとって楽しみな季節になりました。

・校庭の木々も色づき始め，子どもたちも自然の変化を感じています。

【11月】

・文化の秋にふさわしい歌声が，毎朝，各学級から響いています。

・秋も深まり，子どもたちが遊ぶ校庭にも落ち葉が舞う季節となりました。

【12月】

・風の冷たさに冬の訪れを感じますが，子どもたちは寒さに負けずに校庭で元気に遊んでいます。

・気づけば今年も残りわずかです。子どもたちの成長を実感した２学期でした。

【１月】

・新春のお慶びを申し上げます。子どもたちも笑顔で登校し，３学期が始まりました。

・新しい年が始まり，学校にも元気な子どもたちの声が戻って参りました。

【２月】

・真冬の寒さに，登校する子どもたちの息も白くなっています。

・寒い日が続きますが，子どもたちの元気な挨拶が朝の教室を暖かくしています。

【３月】

・暖かな日差しが教室に入り，子どもたちも春の訪れを感じています。

・今年度も残りわずかとなり，卒業や修了を控えた子どもたちも学習のまとめに励んでいます。

【著者紹介】

佐藤　正寿（さとう　まさとし）

1962年秋田県生まれ。1985年から岩手県公立小学校に勤務。
現在は，岩手県公立小学校副校長。
「地域と日本のよさを伝える授業」をメインテーマに，社会科を中心とした教材開発・授業づくりに取り組んでいる。

主な著書に，『朝の会・帰りの会＆授業でそのまま使える！子どもたちに伝えたいお話75選』（佐藤正寿著），『ゼロから学べる小学校社会科授業づくり』（吉水裕也 監修／佐藤正寿・長瀬拓也 編著），『実務が必ずうまくいく　副校長・教頭の仕事術55の心得』（佐藤正寿著），『スペシャリスト直伝！社会科授業成功の極意』（佐藤正寿著），『プロ教師直伝！「教師力」パワーアップ講座　0からプロになる秘訣23箇条』（佐藤正寿著），『これだけははずせない！小学校社会科単元別「キー発問」アイディア』（佐藤正寿著），（いずれも明治図書）など多数。

［本文イラスト］木村美穂

教師のための実務文例集
文書の書き方からマナーまで

2018年３月初版第１刷刊　©著　者　佐　藤　正　寿
発行者　藤　原　光　政
発行所　明治図書出版株式会社
http://www.meijitosho.co.jp
（企画）林　知里（校正）足立早織
〒114-0023　東京都北区滝野川7-46-1
振替00160-5-151318　電話03(5907)6703
ご注文窓口　電話03(5907)6668

＊検印省略　組版所　株式会社アイデスク

Printed in Japan　ISBN978-4-18-122516-2